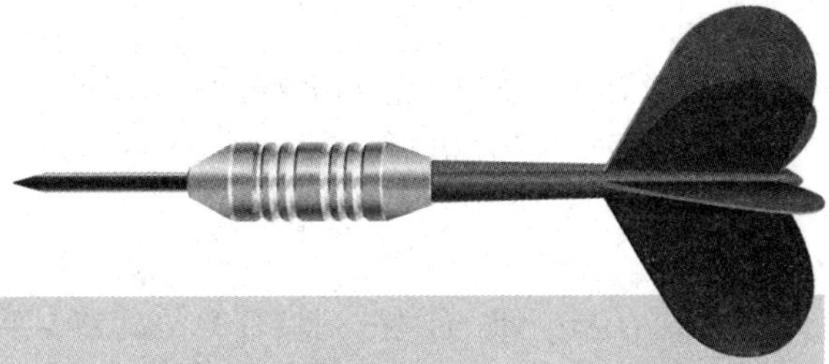

新微商
完全指导手册

唐潮◎编著

中国商务出版社
CCTP
CHINA COMMERCE AND TRADE PRESS

图书在版编目（C I P）数据

新微商完全指导手册 / 唐潮编著 . -- 北京 : 中国商务出版社，2018.11
ISBN 978-7-5103-2545-8

Ⅰ . ①新… Ⅱ . ①唐… Ⅲ . ①网络营销—手册 Ⅳ . ① F713.365.2–62

中国版本图书馆 CIP 数据核字（2018）第 175792 号

新微商完全指导手册
XINWEISHANG WANQUAN ZHIDAO SHOUCE

唐 潮 编著
出　　版：中国商务出版社
地　　址：北京市东城区安定门外大街东后巷 28 号　邮编：100710
责任部门：商务与法律事业部（010-64245686）
责任编辑：陈红雷

总 发 行：中国商务出版社发行部（010-64266193 64515150）
网　　址：http://www.cctpress.com
邮　　箱：cctpress1980@163.com
排　　版：中尚图
印　　刷：北京盛彩捷印刷有限公司
开　　本：710 毫米 ×1000 毫米　1/16
印　　张：16　　字　　数：221 千字
版　　次：2018 年 11 月第 1 版　　印　　次：2018 年 11 月第 1 次印刷
书　　号：ISBN 978-7-5103-2545-8
定　　价：49.00 元

序言
PREFACE

微商是做什么的？只是在微信上卖卖东西吗？

不，这只是偏见而已。

真正的微商是一种改变世界的理念。

商人，算是世界上最古老的职业之一，未来也将继续存在下去。商业的最基本形态是交易，就是你有我要的，我有你要的，我们交换吧。

在悠久的人类历史中，人们始终遵循商业原则。也正是这一原则，极大地促进了人类文明的发展。试想，如果没有交易行为，现在的我们大概还是原始人，想要什么，大概只能靠抢。

纵观人类文明的每一次重大飞跃，其背后都离不开商业行为的大力支持。从蒸汽技术革命、电力技术革命，到计算机及信息技术革命，商业行为都像一只巨大的手，悄无声息地推动着时代的滚滚车轮前行。

有人说，如今是信息爆炸的时代。没错，无论我们是否愿意，信息时代都已经无可阻挡地来临。在这个世界上，秘密不再是秘密，每一件微不足道的小事，都可能广为传播。

每一天都有无可计数的人在发出信息，你如何保证自己的每一条信息都能准确地发送到想要送达的人手上？如何保证接收到自己想接收的每一条信息？

你做不到的！

除非，有一个能帮助你的工具，而这个工具，就是微信。微信拥有超过 9 亿用户，很多人每天花在微信上的时间超过数小时。

之所以说微商改变世界，就是因为微商是一根看不见的锁链，它将每一个用户牢牢地拴在一起，你的每一条信息都可以被无限传递下去。

佛说："须弥藏芥子，芥子纳须弥。"这也是"微"的概念，虽然渺小，却广纳三千。

微商说到底是人与人之间的联系，当原本不相干的人因为微商而结缘，便是最能体现微商意义的时候。即使相隔千里，也能够在瞬息间传递信息。"微"与"商"的结合，对于人类文明来说，具有跨越性的意义。

不过，微商也有其局限性。传统微商曾经快速崛起，疯狂吸金，但很快便落寞了，并留下恶名。那是因为人们渐渐明白了微商的局限性，已经无法再忍受微商的混乱模式和失败策略。

微商死了吗？是的。

传统微商死了。那些还在坚持传统微商的人，都已经是苟延残喘，如风中之烛。

但是，当传统微商在市场的烈焰中化为灰烬时，新微商如凤凰涅槃一般浴火重生。新微商抛弃了传统微商落后的理念和模式，吸取其以人为本的精髓，以全新的姿态展现在人们面前，指引出创业的全新方向。

《四十二章经》第十章有这样一段对话：

佛言："睹人施道，助之欢喜，得福甚大。"沙门问曰："此福尽乎？"佛言："譬如一炬之火，数千百人各以炬来分取，熟食除冥，此炬如故。"

大意是，释迦牟尼佛说："看见别人在布施，要跟着欢喜、支持，就会得到很大的福报。"有个沙门问道："随喜的人都有了很大的福报，那么，布施的人应得到的福报是否会没有了呢？"佛回答说："就好像有一支火炬，成百上千的人拿上火把来分取火种，也点燃火炬。这火大家可以用来煮饭照明。而原来的火还是存在的，并不因他人取火而消失。”

新微商思想的精髓是分享。营利是传统微商的目的，而新微商的目的是将好东西分享给别人，让人们得到他们想要的。新微商是一种人人为我、我为人人的精神，是用商业手段将人与人紧密相连，是人与人和谐共赢的纽带。

本书从多角度全面分析新微商的营销模式，为广大微商从业者及有志于轻创业者，深入透彻地阐述新时代下微商的发展理念，指明新微商的前进道路，详细指导参与者如何组建团队，如何开创和发展新微商事业，如何用全新的营销模式打造商业奇迹，是一本适合所有新微商阅读的行业指导书。

目 录

CONTENTS

第1章　社会背景

1.1　智能手机的普及

如今，社会上出现了一群新人类——“低头一族”。无论是坐在公交车上，还是走在路上，我们总是看到他们的拇指动个不停，或是刷微博、发微信，或是发照片、分享新鲜事儿。不得不说，我们的生活已经离不开手机。而手机提供的各种功能，也使我们感受到了移动互联网带来的便利。总而言之，这一切都表明，移动互联网时代已经不可阻挡地到来了！

1.1.1　智能手机使用现状

（1）普及率高

根据中国互联网信息发展中心调研显示，截至 2016 年 12 月，我国网民人数达 7.31 亿，互联网普及率达到 53.2%，超过全球平均水平 3.1 个百分点，超过亚洲平均水平 7.6 个百分点。

2016 年，全年新增网民 4299 万人，增长率为 6.2%。我国网民规模已经相当于欧洲人口总量。其中，手机网民人数达 6.95 亿，占比达 95.1%，增长率连续 3 年超过 10%。而台式电脑、笔记本电脑的使用率均出现下降的趋势，手机不断挤占其他个人上网设备的使用空间。随着智能手机售价的不断降低，这一数据将继续保持增长态势。智能手机的高普及率，使其影响远超包括报纸、电视在内的任何一种文化传播交流工具。

（2）使用率高

2016年，我国手机支付用户规模增长迅速，达到4.69亿，年增长率为31.2%，网民手机支付的使用比例由57.7%提升至67.5%。手机支付向线下支付领域的快速渗透，极大丰富了支付场景，有50.3%的网民在线下实体店购物时使用手机支付结算。

我国智能手机用户的手机使用黏度较高。根据调查，87.8%的手机用户每天至少使用一次智能手机的网络服务，每天上网4小时的重度用户占比为36.4%。在生活、娱乐、学习中重度依赖智能手机，已经成为一种值得研究的文化现象。

1.1.2 智能手机的文化学意义

文化学是一门综合性学科，所研究的对象包括文化的物质载体及文化现象等。智能手机在本质上来讲，是21世纪科技化、现代化的产物，引起了诸多文化现象。

现代化具有深刻的文化学含义：对传统结构的解构、实用主义、信息化，等等。智能手机完全体现出了这些意义。例如，智能手机继承了报纸和电视的娱乐化一面，意蕴深厚的传统文化在手机中很难找到生存土壤；吸引眼球的恶搞、碎片化的信息充斥着屏幕，一切都被解构；信息传播速率达到极致，并通过图片、文字、视频等各种形态最大化地提升传播效果……

文化对人的最深刻的影响是，改变了人的生活方式。现在，智能手机影响着人们的交往、交流方式。虚拟世界中的人，需要靠标签符号被认识、靠文字交流被认同。移动办公俨然为办公文化添加了新内涵，随时随地刷手机已经成为一种习惯。

1.1.3 智能手机的文化产业价值

文化产业是生产文化产品，提供文化服务的产业部门。智能手机在文化生产、流通、消费等方面有着重要价值。

（1）生产价值

智能手机具有拍摄、写文字等功能，使内容生产变得全民化。文化创作不再是公司、专业人员的专利，人人都可能是艺术家、摄影师、作家，这极大地影响了文化产品的生产。

（2）流通价值

智能手机依托现代科技，通过大数据和云计算，成功实现了个人隐私数据的商业化，这意味着文化产品生产者可以利用这些数据，实现文化产品在流通中的精准投放。

（3）消费价值

智能手机影响着人们的文化消费心理：博人眼球、获取在现实社会中得不到的认同感等。因此，生产者在文化产品的生产与营销的过程中，应当考虑到这些情况。

智能手机的更新换代让我们看到一种新的行业格局，更大的手机屏幕、更好用的触控操作、更完整的应用生态链等共同成就了智能手机的新体验。不过移动操作系统与智能硬件的快速发展其实只能算硬指标，我认为真正带动行业快速发展的是移动网络的不断建设，更快的网络速度促进了相关应用的发展，这与智能手机的发展是相辅相成的。

1.2 4G网络出现

移动通信是指移动用户之间，或移动用户与固定用户之间的通信。随着电子技术，特别是半导体、集成电路和计算机技术的发展，移动通信技术得以飞速发展。随着这些技术的应用领域的不断扩大，及对性能要求的不断提高，移动通信在技术和理论上也向着更高水平快速发展。20 世纪 80 年代以来，移动通信已成为现代通信网中不可缺少的、发展最快的通信方式之一。

移动通信技术的发展大致分为如下阶段：

第一代移动通信技术，主要指蜂窝式模拟移动通信，技术特征是蜂窝网络结构解决了大区制容量低、活动范围受限的问题；

第二代移动通信，指蜂窝数字移动通信，使蜂窝系统具有数字传输所能提供的综合业务等种种优点；

第三代移动通信，主要特征是除了能提供第二代移动通信系统所拥有的各种优点，克服其缺点外，还能够提供宽带多媒体业务，以及高质量的视频宽带多媒体综合业务，并能实现全球漫游。

第四代移动通信技术（4G），可称为宽带接入和分布网络，具有非对称的超过 2Mbit/s 的数据传输能力。它包括宽带无线固定接入、宽带无线局域网、移动宽带系统和交互式广播网络。第四代移动通信技术比第三代功能更多，使其可以在不同的固定和无线平台，及跨越不同频带的网络中提供无线服务，在任何地方用宽带接入互联网（包括卫星通信和平流层通信），能够提供定位定时、数据采集、远程控制等综合功能。

1.3 微信社交软件出现

1.3.1 什么是微信

微信是腾讯公司于 2011 年初推出的一款即时通信工具，用户可以通过微信传送文字、图片甚至视频信息。运营商不收取通信费，而只是收取网络流量费，在无线网络覆盖时可视为免费。微信运营不久便得到了用户的广泛认可，使用人数与日俱增。其作为新兴网络社交、即时通信工具的代表，产生的原因主要包括两方面：从社会原因来看，微信作为以新兴科学技术为依托、以高科技电子产品特别是智能手机为载体的社交产品，是一个极其符合时代特征的工具；从社会需求来看，人们对新鲜事物有着强烈的好奇心，同时人的社会性又使人们容易受到周围事物和他人的影响。这种类似于伊丽莎白·诺尔·诺依曼“沉默的螺旋”理论的受众心理和群体归属感，促使人们更愿意使用同种物品，采用同种工具和方式进行交流，以期获得社会认同。在这种条件下，微信作为一款非常符合时代需求的产品，脱颖而出。

1.3.2　微信的发展历程

作为目前最受国人欢迎的手机即时通信软件，微信所取得骄人的成绩，与其最初准确的市场定位密不可分。微信是对国外手机类即时通信软件 Kik 的模仿之作，且并非最早在中国本土上线。早在 2010 年 11 月，互动科技公司就模仿 Kik，率先推出了“个信”。尔后，国内应用开发团队小米科技在同年 12 月末发布了“米聊”。腾讯微信姗姗来迟，在 2010 年 11 月 18 日正式立项。2011 年 1 月 21 日先是推出了 iOS 版本，随后几天陆续出了安卓和塞班版本。此后微信不断升级、优化功能，做出了几次比较大的调整。

2011 年 1 月，微信 1.0 版本正式推出。在利用手机通讯录建立好友关系的基础上，增加了以 QQ 好友为基础的添加微信好友的功能。好友可传递文字信息，并且可以通过微信来接收 QQ 离线消息和邮件。此时的微信，还被看作是 QQ 移动互联网版本的延伸，并没有在用户中引起较大的反响，但依托于腾讯公司的不断宣传和 QQ 的良好市场基础，积累了一部分用户。之后，微信团队进行优化和升级，节省了发送、接收消息过程中的流量损耗，消除了收发延迟等问题，并在此过程中注重客户反馈，于同年 2 月增加了图片分享功能，借此涉足短信与彩信市场，获得了一定成功。

2011 年 5 月，微信发布 2.0 版本。2.0 版最重要的是丰富了交流方式，在只能以文字、图像交流的基础上加入对讲功能，使有声交流也变得方便。例如，收信人若是在开会或者不方便接收声音的情况下，可以不打电话而是通过微信将想说的话传递出去，待方便的时候再收听语音消息。而且微信的声音交流设计得很人性化，当耳朵接近手机时为听筒模式，距离稍远时为扬声器模式。这样既保留了对讲机的交流模式，也保护了用户的隐私。

虽然声音交流并非微信首创，在 2011 年 1 月时，就有一款名为 Talkbox 的通信软件在智能手机上发布，卖点就是利用语音进行交流和分享，但腾讯吸取其经验，并将之移植到微信中，使得只要有移动互联网的地方就可以用语音进行交流。

语音交流的植入，使得微信几乎拥有非智能手机的所用功能。2011 年 8 月推出的微信 2.5 版本中，所添加的“查找附近的人”功能，更是让微信用户的交流圈从 QQ 好友，扩散到用户周边区域。用户可以利用定位功能查找所在位置周边的使用者，了解他们在微信上填写的信息，添加好友进行交流。“查找附近的人”功能使微信的交友圈从线上转移到线下，扩大到真实的社交生活中。不认识的人也可以通过微信联系在一起。人际沟通变得愈加方便快捷，极大满足了人类的交友要求。“查看附近的人”功能面世后，微信的下载和使用量首次获得大规模增长，并于同年 9 月突破 1000 万。

微信开发团队在随后更新的 3.0 版本中，更注重微信的趣味性和社交性，将 QQ 程序中已经非常成熟的“漂流瓶”移植到微信上。这就使得微信的交际圈扩大，范围更加广阔。一个微信用户的漂流瓶可以被全国甚至全世界任意一个用户看到，只要对方“捞”到瓶子就能选择是否添加为好友。同时，微信将日本 2011 年 8 月发布的同类软件的“摇一摇”功能移植到微信上。用户只要开启此功能晃动手机，就可以摇到同一时间也在使用此功能的用户，并选择是否添加好友。在使用“摇一摇”功能时，为了让感官更加逼真，摇晃手机后男女用户分别看到不同的画面：男性为维纳斯雕像，女性为一朵小花。同时，伴随着子弹上膛的声音增加紧张感。微信不再仅是一款具有强大语音即时通信功能的软件，其强互动性、方便性和趣味性越来越突出，从电话、短信的替代工具进化成人们现代生活的重要社交工具。

“摇一摇”和“漂流瓶”的出现不仅使用户社交范围进一步扩大，更让微信除了社交外多了消遣娱乐功能。年轻人使用“摇一摇”打发时间的现象随处可见。同年 11 月，微信 3.0 版添加了“扫描二维码”功能。用户通过扫描二维码或者发布二维码，来添加微信好友，拓展人际关系。以软件本身的高品质为依托，再加上腾讯的良好平台，2012 年 3 月 29 日，腾讯 CEO 马化腾在微博上发布消息：“终于，突破一亿！”至此，微信进入快速发展时期。

2012 年 4 月 19 日，微信推出 4.0 版本。它让用户分享文字、音乐、照片等信息，同时推出“朋友圈”功能，建立熟人社交圈，将自己的生活以时间轴的方式在微信上记录下来，其他用户可以对照片进行“赞”或“评论”操作。4.0 版本在设计上进行了简化，“找朋友”功能换成了“朋友们”，并将微信上的程序精简到 5 个，即“朋友圈”“添加朋友”“附近的人”“摇一摇”和“漂流瓶”，使视觉上和使用上都更加清晰。4.0 版其他功能包括：用户接收到的图片可直接转发给其他好友，不用先保存到本地再重新上传；支持群发消息给多个联系人。这一年，微信将视线投向海外，将英文版本取名为“We Chat”。7 月 19 日，4.2 版本推出，新增了视频聊天插件、微信网页版和朋友圈的回复功能插件等，这更加符合用户的使用习惯。在 4.3 阶段，增加“摇一摇”传图功能，可以将电脑中的图片通过“摇一摇”的方式传到手机上。

经过微信团队的不断努力，2013 年 1 月 15 日，微信用户突破 3 亿大关。而开发运营时间远远早于微信的手机 QQ，在同一时段的用户是 4 亿。对比之后，不言而喻，微信的潜力无可限量。

在这之后，腾讯微信团队“乘胜追击”。2013 年 2 月 5 日，微信 4.5 版本正式上线。首先增加了语音提醒功能。第二个大的改变就是增加了对讲机功能，用户可以通过语音聊天室和一群人语音对讲。和之前的语音发送不同的是，它是实时对讲，没有微信语音传递的延迟性，类似于电话交流。

需要对讲的人可以建立一个临时组群，只有同时加入语音聊天室里的人才能收到对讲消息，其他人则不受打扰。其他细节的修补包括，将正在听的歌曲摇到手机、搜索聊天记录并将其复制到其他的手机上等。

2013 年第二季度，微信的月活跃用户已经达到 2.5 亿，平台化建设已初具成效。此时，微信已经联通了人、信息、服务，还剩下一环——支付，就能打通所有的商业模式。微信在这个版本中上线了支付功能。一方面是为了应对移动支付在中国的迅速发展，与以支付宝为首的诸多竞争对手争夺移动支付入口。另一方面，也是微信打通自身商业模式的必须需求；随着信息渠道和服务渠道的逐步成熟，交易的需求也逐步凸显出来。此时微信钱包的设计和当前版本有很大差异。订阅号的消息折叠功能也上线了。随着订阅号越来越多，过多的推送已经给用户造成了困扰。此时聚合所有的订阅号于一处，能够减少信息噪音，改善阅读和收发信息的体验，延长用户的连续阅读时间。

2014 年 9 月 30 日，微信推出了 6.0 版本。微信小视频、微信卡包、微信钱包手势密码和游戏中心都进行了改版。此版本继续拓展微信线上与线下的交互能力，引入“卡包”功能，这和 Apple 的 Wallet 很相似。对于用户来说，微信给他们提供了一个收集各类优惠券和凭证的方便工具；对于商家来说，这是一个非常有效的推广渠道。微信在 6.1 版本发布之后，进行了一次意义重大的尝试，即朋友圈广告。之前，微信虽拥有中国第一的移动互联网端流量，但一直没有投放广告。而在第一次投放广告之前，微信巧妙地玩了一个“猜猜我是谁”的游戏，消除了用户第一次看到广告时的抵触情绪。现在，微信在投放朋友圈广告时，对频率和广告内容的控制也很严格。一般能够通过微信朋友圈投放的广告内容制作一般都相当精良，特别是 2016 年春节之前百事可乐邀请六小龄童做的视频广告，这甚至掀起了一阵怀旧的热潮。

2017 年 1 月 9 日零点，微信小程序揭开了神秘面纱。很多互联网人守了一夜，就是为了能够在第一时间体验这些小玩物。第一批小程序共有 125 个，其中不乏京东、腾讯视频、同程、滴滴、头条这样的互联网公司巨头。

1.3.3　微信成为人们表达诉求的主要渠道之一

从古至今，无论是对情感、理想，还是生活，人们都希望能表达自己的意见。人是一种需要交流沟通的生物，当情感无法面对面宣泄或沟通时，人们就会寻求有效的渠道进行情感的宣泄。在古代，文人雅士寄情书墨；后来报纸、广播、电视等媒介兴起，但这些公共媒介的话语权掌握在少数人手中。移动互联网的出现让诉求表达的渠道更加畅通便捷。互联网时代还要坐在电脑前交流，移动互联网只要你有手机，能够上网，就能“说话”。手机作为移动互联网的载体，成了人们表达意见的“传声筒”。微信敏锐地把握住人们希望在虚拟世界交际的诉求，不仅可以进行“一对一”的表达，也有以朋友圈为基础的“一对多”诉求，更可通过与陌生人交友，传播海量的信息。微信以其可私密、可公开的传播模式，迅速成为一款重要的信息传递工具。

人们通过微信传播信息，也获得信息。这些信息比其他渠道传递的信息更快捷、更具个性、更具体。有些人对微信消息的信赖甚至超过传统媒体，因为微信上的消息传递者多为好友或草根平民，他们会觉得这些消息比传统媒体的官方报道更可信。

1.3.4　微信成功的原因

（1）外部因素

微信的成功与移动互联网、智能手机行业的高速发展是分不开的。此外，前人对市场的开发给微信的发展提供了很好的市场前提，人类交往的需求又给微信指明了一个方向。

①移动互联网的飞速发展。20 世纪 90 年代，电脑逐渐进入千家万户，人们坐在电脑前，通过互联网，能领略到世界各地不同的景观，了解不同的资讯。但随着移动互联网的不断普及，用户用于电脑上网的时间逐渐被

手机上网所取代。移动互联网兴起于国外，是区别于互联网和无线互联网的全新网络体。用户能够凭借手机、掌上电脑或者其他手持终端，通过移动通信网络随时随地接入互联网，方便地获得互联网上丰富的信息和多样的应用服务。移动互联网以其终端的移动性、接入网络的便捷性、内容的多样性和使用基础的广泛性等优点迅速占领市场，使用率不断上升。特别是 3G（第三代移动通信系统）的出现，更是对移动互联网的发展起到了历史性地推动作用。3G 网络不仅能够兼容 2G（第二代移动通信系统）中的通话、邮件短信等基础功能，更能提高系统容量，提供对多媒体服务的支持以及高速数据传输服务。与 2G 网络相比，具有高速度、多媒体、个性化的特点。它的快速传输速度不仅可以进行网页浏览，还可以进行视频通话，下载观看电影，甚至多种应用同时进行。这让微信的出现有了网络支撑基础。如今是信息爆炸时代，海量的信息难以估算，工作和生活的压力也使得人们的时间、兴趣、行为呈现出“碎片化”，很难有完整的时间阅读信息。在这种情况下，移动互联网这种“随时随地，快速便捷”的网络满足了人们利用零碎的时间获取消息、进行娱乐的心理诉求。特别是智能手机普及后，两者的完美结合就给人们的生活带来了巨大变化。

②智能手机的迅速普及。与传统手机相比，智能手机因自身所嵌入的 CPU 和一系列硬件，可以支撑不同软件的嵌入，实现和电脑类似的智能化操作体验，实现消费者对游戏、商业、新闻、社交用途等的应用需求。简而言之，智能机可比作能通话的便携式电脑。

而在中国，低价位智能机成为智能手机市场的重要分子。智能手机产品动辄三四千元的价格让很多消费者望而却步，在此情况下，中国很多手机制造商看准市场空缺，抓住消费者的购机心理在短时间推出千元智能机，迅速占领市场，增加用户。这种用价格战渗透市场的方式，让一些本因智能机高昂价格而放弃的用户有了重新选择的机会，让智能手机从高端潮流人士的专利逐渐向大众扩散，这为微信的“井喷式”发展提供了有利环境。

③前人对市场的开发。2010 年 10 月，一款名叫 Kik 的软件上线。它仅

在上市 15 天后，就获得了 100 万的使用者，而知名社交软件 Facebook 达到这个数字却用了近一年。虽然 Kik 当时的应用只是简单的文字信息交流，但它传递出一种先进的概念——不受平台和运营商的限制，只要有移动互联网就能发送消息。简单地说，Kik 是基于本地手机通讯录而建立关系的一种即时通讯社交软件。手机通讯录上的人只要下载该软件，就能用它建立关系，实现免费的文字信息传递。它攻破通信运营商和手机硬件之间的壁垒，将现实社会中的人际关系转化到手机上，实现了现实与虚拟世界的"无缝链接"，使移动终端成为新的社交节点。嗅到其发展潜力的国外互联网公司陆续投入开发，甚至在文字传播基础上加入语音传递功能，将想说的话录下，再通过无线网络或者移动互联网传递到对方手机，实现语音的相互交流。2011 年初，已经有 Talkbox、WhatsApp 和 iMessage 等多款主打跨平台、跨运营商的即时通信软件上市，它们以手机通讯录中的好友为基础建立交际圈，用户在交际圈中进行聊天、传图、语音交流等活动，受到越来越多的年轻人的喜爱。他们熟悉甚至开始依赖这类手机即时通信带来的便捷，这给微信的发展积累了一定的群众基础。中国互联网开发商紧跟其后，将这种手机即时通信软件移植到中国，在模仿的基础上逐渐适合国内消费者的习惯。

微信并非最早进入市场，却一步步发展壮大，最终成为这个领域的领导者，显然与前人的市场开发是分不开的。国外应用软件在最初进入中国时，就被国内潮人所接受，并被最早一批智能手机用户口口相传。国内各大互联网公司相继开发同类产品占领市场，给消费者培养了使用这种方便快捷的即时通信软件的习惯。这无疑为微信创造了良好的潜在客户群体。腾讯微信站在前人的肩膀上，看得更高，也走得更远。

④人类交流的需求。现代社会每个人几乎都处在一种忙碌的状态下，长时间电话联系在时间和费用上略显尴尬，手机短信沟通也资费不菲。即时通讯这种既可以获得交流，又在彼此回复时，留下一定空间的交流方式就颇显重要。腾讯通过 QQ 在 PC 互联网中积累了大量的客户群，随后腾讯

将 QQ 移植到手机上也获得巨大成功。但仅这些是不够的。虽然移动手机版本微信与 QQ 相互借鉴，部分功能重复。但是在微信未开发之前，初期的手机 QQ 并不能完全达到用户对移动互联网的使用要求，例如不能进行语音传递等，传递方式基本以文字消息为主。同时，手机 QQ 好友独立于电话簿中的好友而存在，二者没有直接联系。微信将 QQ 好友和手机通讯录好友融入一个圈中，使用微信就能与所有好友沟通交流，满足了使用者随时随地交流的意愿。

（2）内部因素

①微信的优质研发。腾讯公司并非以首创出名，最成功的腾讯 QQ 创意也来自 MSN 等同类产品。但是其产品却能一次次站到顶峰，这与优质研发分不开。从模仿的本土化角度来说，腾讯知道什么样的产品最适合中国用户。腾讯开发、模仿的每一个产品都既保留了原有的设计理念，又加入了符合中国人使用习惯的创意，这让可能不了解国外最新产品的用户倍感新奇。腾讯一直有着最优秀的开发团队和雄厚的资金保障，QQ 开发期间也积累了很多的经验。微信开发团队的带头人张小龙在此之前也做过 QQ 邮箱项目并取得成功，因此，他知道对用户来说，哪种产品最具吸引力。在这样的条件下，微信的开发相较于其他模仿国外应用的小公司来说，具有更好的基础，其他公司没有微信如此优质的开发团队。

随着不断发展，微信已不仅仅是一款单纯的即时通信软件，其逐渐向支持熟人和陌生人交往的社交软件应用靠近。这些都基于微信创作团队的认真钻研和努力，以及从用户体验着手，投其所“好”，设计出符合用户使用习惯的功能，做好抢占市场份额的第一步。

②基于用户体验的创新升级。微信迅速成为用户最喜爱的移动 IM，并被奉为社交神器，这在业界掀起一场名为“微信”的社交革命。这似乎偏离了微信的初始定位，最开始微信是建立在熟人圈的交流上，主打免费通讯。但是若仅止于此，微信是难以发展到今天这种高度的。微信在随后的创新中渐渐重新定位，在保留原主轴的基础上开发定位服务、漂流瓶、摇一摇

这些带有满足用户娱乐心态的功能，让用户在消费、使用微信的同时获得了心理和感官上的刺激，并建立起社交圈。因此，微信如何通过一步步升级以满足大众多元化需求，是其立于不败之地的关键。微信作为腾讯旗下产品，在开发时期依托腾讯优势资源，一开始就展现出它的灵活性和创新能力。它不仅吸收了 Kik 类软件利用手机通讯录建立社交网络的优点，更利用 QQ 这一巨大的资源库帮助用户有效地整合和管理各个社交网关系链，拓宽米聊等其他软件所不能触及和延伸的空间，给用户以更多的新鲜感。但是最吸引用户的还是其不断升级的服务，及多元化的沟通体验。从数据上看，微信的每一次更新升级都能带来用户数量的暴涨。微信团队随时把握用户最想要的进行更新升级，一直坚持收集用户反馈，迎合人们娱乐生活所需进行开发，这些都是其立于不败之地的重要原因。

③免费通讯的吸引力。微信主打的“免费”通讯虽然不能做到真正意义上的不收费，在没有无线局域网的地方还是以移动互联网流量资费计算，但与手机短信的高成本、传递信息方式单一化相比，具有低成本、交流对象交叉状、呈现方式多样化的优势。用户可以依照自己的意愿建立聊天组群，一个组群内的消息全组共享，比短信群发功能方便快捷。相比运营商至少 0.1 元 / 条的收费，微信能做到 1M 的流量发送千条文字消息，及十余张图片。微信语音传递有一定的延时性，不能做到即刻回应，30M 可以发千余条语音消息。对比后不难发现，流量收费比短信收费确实划算许多，所以中国的手机特别是智能手机用户才纷纷转投微信等类似软件怀抱。

1.3.5　微信成功带来的影响

（1）交流方式的改变

微信在一定程度上改变了传统的通信方式。在微信等类似软件问世之前，人们依靠手机短信交流，各大通信运营商的手机短信业务占总收入很大比重。一般而言，一条 140 字符的短信收费为 0.1 元。不同运营商短信只能以此计费，不能算在包月短信之内。对于一般消费者而言，也是一笔不小的开支。

随着微信的出现，人们的联系方式渐渐从手机短信转移到微信，使用微信的文本和语音功能进行交流。若非遇到紧急情况，一条语音消息足以表达用户想要说明的事情。微信成为一种传播媒介，人们通过它传递感情；语言通过“短信”的方式发送给对方，既实惠又方便，更避免了有时电话沟通的冒昧唐突；定位服务让朋友随时知道你在哪里；“漂流瓶”飘向远方，渴望的是心声回应。人们的心理诉求在微信上得到满足，只要手机在手，手指一动就能维系人们之间的感情。距离已经无关紧要，人们习惯甚至感激微信所带来的交流方式的改变。

（2）人际交往圈的扩大

在互联网时代之前，人和人之间的社交建立在真实的生活中，以现实的人际关系为基础来建立某种关系，是一种“熟人”社交。在互联网兴起之后，人们通过网络构建出一个真实生活以外的虚拟社交圈。建立关系的两个人在现实生活中可能从未见过，却在网络中以虚拟身份交流。随着时间的推移，技术的进步，移动互联网进入人们的生活。真实生活中所认识的人、想说的话、想做的事都通过移动网络分享到了网上。至此，真实的社交圈和虚拟的社交圈产生了重合，人与人之间在真实社交圈和无关系的虚拟社交圈之间发展出一种弱关系社交。美国学者克莱·舍基提出过“湿世界”的概念，意思是随着各种软件与工具的发展，人们之间的关系也变得“黏糊糊”的。人们的交流不再受制于地域和制度，可以依靠兴趣等任何条件去组建群体，形成一个交际圈。

微信所建立的社交圈中，既有以手机通讯录为代表的强社交关系，也有以“摇一摇”“附近的人”为代表的虚拟社交关系。这些关系通过微信整合成一个大的社交圈，本来属于弱关系社交的人，甚至是虚拟社交圈的人，可能因为语音对话拉近距离。语音聊天的双方会因为听到声音，甚至看到视频而产生亲切感，转化为更真实稳定的关系。

1.3.6　微信潜在的巨大商机

微信用户多，消息传播速度快，这使得微信营销有优质的前提条件。微信具有打破线上线下人际圈的能力，使用微信作为营销平台，具有群发数量大、服务费用低、传递速度快的优势，也可以影响潜在消费群，提高转化率。微信公共平台开放后，已经有很多公司开始利用微信进行合作宣传。凭借微信自身的设计优势和用户基础，当入驻公共平台的合作公司需依靠微信获得更多的用户、扩大影响力时，微信借此收取一定费用，也在情理之中。

虽然微信可能因为信息传播速度快、把关力度不够等原因，存在传播虚假信息，甚至出现违法事件的可能，但是只要加强监管力度，解决这些问题并非难事。

微信既是一个类似 QQ、FB 的社交网络平台，具备聊天、云相册分享等基本功能，又是一个语音记录工具，只要用语音告诉它时间和要做的事，它就能在准确的时间提醒你，也是一个生活助手，支付、查询功能一应俱全。同时，微信成为一种新媒体，越来越多的自媒体将其作为发行渠道。对商家来说，公众号业已成为新形态下的客户关系管理系统。6 年，几十个版本迭代，微信在不断给用户带来惊喜的同时，注重循序渐进，使用户并不会觉得这些更新是突兀的。这些才是微信这款产品真正的无与伦比的魅力。

案例

1. 小米：微信价 9 分 55 秒销售 15 万台

2013 年 11 月 22 日，小米与微信合作在微信上预售小米 3 手机，试水移动电商。微信用户可专享微信价。截至 27 日，预约期间成功预约人数达 193.8 万。28 日开售当天，短短 9 分 55 秒，15 万台小米 3 手机即被抢购一空。此次合作创传统手机厂商与微信合作之先河，刷新移动电商的抢购“神速度”。

2. 美丽说：微信小店

美丽说是首家接入“微信小店”的垂直电商。借助“微信小店”提供的开店、商品上架、货架管理、客户关系维护、维权等功能，“美丽说”将其微信服务号打造成了一个“掌上商城”。关注美丽说微信公众账号，在主界面“精选专题”菜单栏中就能看到“时尚美衣”和“品牌美妆”两个专题。如进入“品牌美妆”，“微信小店”将各类商品一一罗列展示，可以看出整个界面非常简洁清晰，商品的价格、销售数量、优惠等信息都一目了然。消费者点击商品后还能查看商品的更多细节，直接选择“立即购买”即可用微信支付进行付款。整个过程都在微信内完成，完全不需要再跳转到网页的外链，不仅反应速度快，随时随地购物的体验也让购物更多地成为一种乐趣。

1.4 移动支付的实现

（1）移动支付的定义和分类

目前，业界尚没有统一的、且被各方所接受的对于移动支付的定义，不同参与方和研究机构从各自的角度对移动支付进行了相关定义。例如，有人认为，移动支付是在移动终端上使用包括银行账户、银行卡和预付费账号等支付工具完成交易的一种方式，并认为移动支付不该包括基于话费的手机支付、基于智能手机外接插件实现 POS 功能和 IVR 支付（结合其他通信手段的 SMS 和 USSD 强化安全的 IVR 支付除外）的三种模式。与之相比，另一种定义更为广义，认为移动支付是通过移动终端进行资金划转来完成交易的一种支付模式，但不包括通过移动终端语音功能完成的交易。

一种认可度较高的定义是，移动支付是基于无线通信业务，通过移动终端实现的非语音方式的货币资金的转移以及支付行为。移动支付市场交易的规模统计包括用户购买第三方平台提供的产品和服务的行为、使用移动支付购买实物商品以及信息化服务的支付，不包括代收、代付和资金归集地等其他 B2B 类应用。整个移动支付价值链包括移动运营商、支付服务商（比如银联等）、应用提供商（公交、校园、公共事业等）、设备提供商（终端厂商、卡供应商、芯片提供商等）、系统集成商、商家和终端用户。目前，移动支付技术实现方案主要有三种：NFC、e-NFC 和 SIMPass&reg——单芯片 NFC 移动支付解决方案。

（2）移动支付发展现状

移动支付产业属于新兴产业。2016 年，国内商业银行共处理移动支付业务 257.10 亿笔，金额达 157.55 万亿元，同比分别增长 85.82% 和 45.59%；非银行支付机构共处理移动支付业务 970.51 亿笔，金额达 51.01 万亿元，同比分别增长 143.47% 和 132.29%。我国地大物博，人口众多，相对其他国家，移动支付发展潜力巨大。随着移动商务的飞速发展，移动支付的成交量也日益攀升。相对远程支付而言，近场支付发展却相对缓慢，仍以金融机构、运营商和行业企业的城市商业试点推进为主。我国消费者的移动支付使用情况高于全球市场平均值，移动通信基础设施水平优于金融服务基础设施水平。我国移动支付的主要三大参与方为，以银联为代表的金融机构、运营商和以支付宝为代表的第三方支付机构。他们以各自主导的方式，促进移动商务中移动手机支付交易完成，三者各有优势，如金融机构拥有完善、成熟的资金清算系统，运营商和第三方支付机构一般拥有更庞大的客户资源和健全的销售渠道。三方既有合作，又存在竞争，展现为多种商业模式共存，产业链庞大且鱼龙混杂，面临诸多挑战。

1.5 快递业的发展

网购和电视购物的热潮、大量门到门服务的出现，为快递业提供了广阔的发展空间。世界快递巨头纷纷涌入中国后，国内邮政快递及民营快递的市场份额有所下滑。国内民营快递企业为了提高自身竞争力，竞相降低价格，增加营业网点，市场竞争激烈。正是在这样的现实下，国内民营快递企业逐渐摸索、探求出适合自身的生存之道。

1.5.1 概述

（1）快递业的定义及分类

①快递的定义。快递是运输的一种形式、“特快专递”的简称，又称“速递”。快递是集信息流、物流、资金流为一体的特殊服务行业，属第三产业，与传统的邮政业有着本质区别。

美国国际贸易协会对快递业的定义是：收集、运输、递送文件、印刷品、包裹和其他物品，全过程跟踪这些物品并对其进行控制，提供与上述过程相关的其他服务，如物流服务。

②快递的分类。快递从不同角度有不同的分类。按照运输空间距离远近，可分为国际快递业务、国内异地快递业务和同城快递业务。通常把国内异地快递业务和同城快递业务统称为国内快递业务。根据运费支付的方向不同，可分为现付件和到付代收件。通常省内和同城件采用公路运输来完成，国内件（省外）通常采用航空运输来完成（特殊物品除外）。此外，不同的公司有不同的划分方法，例如圆通据时效的不同分为同城区域当天件、国内次晨达、国内次日达、国际件，等等。

（2）快递的基本特征及作用

①快递的基本特征。快递业简化了物品的运输过程、降低了物品的运

输时间。快递员一般在寄件人下午下班时组织托收，使其了解全程运送情况，并提供送达证明。跨国运送时，可以根据客户要求提供清关、代缴关税及其他相关税收服务。因此，快递业具有服务性、网络型、时效性等基本特征。

第一，服务性。服务性是快递产业的基本特征，服务质量直接决定了企业的运营状况。

第二，网络型。快递企业规模扩大后，服务网点逐渐增多，对业务量产生两方面影响：新增网点的快递业务直接增加了企业的业务总量；客户收寄快递更加便捷，企业影响力有所扩大，也间接增加了原有网点的业务量。但另一方面，网点的增加会提高企业的运营成本，所以网点覆盖面扩大到什么程度才能实现利润最大化，是值得所有快递企业思考的问题。

第三，时效性。在全球都讲究效率的前提下，时效更是快递的本质要求，是信息、物品类传递服务的基本要求。快递的实物传递性决定了快递服务在保证安全、准确送达的前提下，传递速度是最重要的服务质量衡量标准之一。

②快递的作用。

第一，促进全球经济快速发展。

第二，快递是国际、国内贸易环节中的重要组成部分，可以促进贸易的交易量。

第三，快递可以促进企业的办公与生产效率的最大化、成本最优化、竞争力更强化。一份以德国公司为研究对象的调查结果表明，三分之二的企业通过与快递公司合作降低了办公成本，三分之一的企业使用快递服务能够降低生产成本。

1.5.2　快递业的发展历程

1969 年，来自美国加利福尼亚州的三个大学生达尔希、赫尔布罗姆和林恩，创立了世界上第一家速递公司——敦豪公司。由于其快捷、准确、可靠等特点，深受从事跨国经营的贸易、金融等各界人士的热烈欢迎。

20 世纪 70 年代，美国放松了对航空运输产业的管制，快递业随之繁荣起来。快递公司可以提供货运代理公司无法提供的定时、有保障的货物运送服务。70 年代末，快递企业走出美国，走向世界。

1985 年，中国邮政成立了经营快递业务的企业——中国速递服务公司（EMS）。与国际快递企业不同的是，EMS 不仅从事国际快递业务，也从事国内快递业务，并在两个市场上占据重要地位。在中国的国际快递市场，EMS 在相当长一段时期内保持着 50% 以上的市场份额。在国内快递市场，EMS 更是一直占据主导地位。

直到 20 世纪 90 年代上半期，随着中国经济的迅速发展、改革开放进程的不断深化，中国经济由此进入一个新的快速发展时期。在珠三角和长三角地区，民营经济不断壮大，企业参与国际分工的水平不断提高深化，国内外市场竞争日趋激烈，企业对商务文件、样品、目录等专递的时效性、方便性、安全性产生更高的需求。在这样的背景下，中国民营快递企业应运而生。

此时，快递运送的多为文件、高科技产品、半导体、医药产品等价格高、重量轻的物品，及一定大件物品，如零件、各类设备等。

1.5.3 中国快递市场分析

快递市场是一个潜力巨大的市场。据不完全统计，2016 年邮政行业业务收入（不包括邮政储蓄银行直接营业收入）完成 5379.2 亿元，占 2016 年全国 GDP（74.4 万亿）的 0.72%。如果放眼全球，这个数据相当于中国周边的柬埔寨、阿富汗、老挝、蒙古、文莱和马尔代夫 6 个国家全年 GDP 总和，可以排进全球前 70 名。实际上，近 5 年时间，邮政行业业务收入占整个 GDP 的比重正在不断上升。从 2012 年的占比 0.37% 提升到目前的 0.72%，而 2017 年第一季度的占比则超过了 0.81%。

2016 年，国有快递企业业务量完成 28.4 亿件，实现业务收入 397.8 亿元；

民营快递企业业务量完成 282.4 亿件，实现业务收入 3328.8 亿元；外资快递企业业务量完成 2 亿件，实现业务收入 247.8 亿元。全年同城快递业务量完成 74.1 亿件，同比增长 37.2%；全年异地快递业务量完成 232.5 亿件，同比增长 56.7%。通过近 5 年数据对比发现，2016 年的同城快递增速大幅下滑，仅为 37.2%，而此前 4 年增幅都在 50% 以上，这也是同城快递增幅 5 年来首次低于异地快递的增幅。

（1）国内快递企业的竞争

国内快递巨头中铁快运、宅急送、邮政 EMS 等，对民营快递企业的发展冲击较大。从跨国快递巨头近期在华强劲扩张势头中可以看出，其目标也不是短期赢利，而是更看重长期回报。各公司均将扩大市场占有率作为近期发展的主要目标。

但是，从另一方面来说，国际快递以及中国邮政快递的发展，为快递市场注入了活力。他们优良的服务、强大的国际网络以及先进的管理经验，为中外客户提供了便捷的服务，也使这些公司及其国内合作伙伴获益匪浅。对民营快递企业来说，服务质量和服务范围可能会比以上提到的公司要差些，这也是其不足之处。

（2）我国快递行业存在的问题

第一，缺乏自律性。快递行业一直没有建立全国性统一的行业组织，没有一个标准行业规范。

第二，市场竞争不规范，安全隐患较大。由于快递行业长期缺乏统一管理，市场无序竞争的现象比较严重。从快递行业所依托的物流大环境看，我国缺少具有一定规模的物流企业，又没形成合力，国内物流企业较为分散，仓储规模普遍较小，而且区域性较强，这些都制约了物流行业的网络连接。我国民营快递企业业务水平参差不齐，快递行业迫切需要加强管理。

第三，技术水平落后，从业人员素质不高。与外资快递公司相比，大部分本土快递公司机动化、机械化程度不高，基本还是手工作业，多数企业技术装备和设施落后。

1.6 云计算的发展

1.6.1 云计算的定义

云计算是基于互联网的相关服务的增加、使用和交付模式，通常涉及通过互联网来提供动态易扩展且经常是虚拟化的资源。云是网络、互联网的一种比喻说法。过去往往用云来表示电信网，后来也用来表示互联网和底层基础设施。云计算可以让用户体验每秒 10 万亿次的运算能力，这种强大的计算能力可以模拟核爆炸、预测气候变化和市场发展趋势。用户可以通过电脑、笔记本、手机等方式接入数据中心，按自己的需求进行运算。

对云计算的定义有多种说法。现阶段最广为接受的是美国国家标准与技术研究院（NIST）的定义：云计算是一种按使用量付费的模式，这种模式提供可用的、便捷的、按需的网络访问，进入可配置的计算资源共享池（资源包括网络、服务器、存储、应用软件和服务），这些资源能够被快速提供，只需投入很少的管理工作，或与服务供应商进行很少的交互。

云计算使计算分布在大量的分布式计算机上，而非本地计算机或远程服务器中，企业数据中心的运行将与互联网更相似。这使得企业能够将资源切换到需要的应用上，根据需求访问计算机和存储系统。

类似从古老的单台发电机模式转向电厂集中供电模式，这意味着计算能力也可以作为一种商品进行流通，就像煤气、水电一样，取用方便，费用低廉。最大的不同在于，它是通过互联网进行传输的。

云计算具有以下特点：超大规模；虚拟化；高可靠性；通用性；高可扩展性；按需服务；极其廉价；潜在的危险性。

1.6.2　云服务的兴起与特点

（1）云服务的兴起

云服务最先兴起于美国，其服务方式是，将网络中的种种资源调动起来为用户服务。毫无疑问，这将是未来信息化服务的主流。

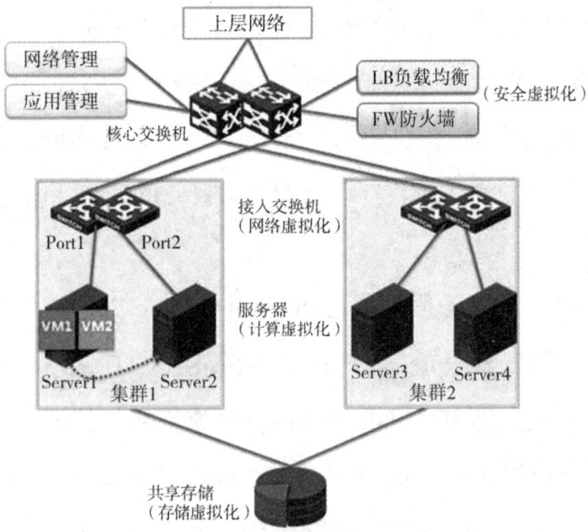

图 1–1　云计算模式

云服务的商业模式是通过繁殖大量的创业公司，提供丰富的个性化产品，最大限度满足市场上日益膨胀的个性化需求；其繁殖方式是为创业公司提供资金筹措、资金支付、产品和技术推广、物流以及客户服务等一整套服务，让客户随需使用。

在云服务诞生之前，一些信息商就通过互联网进行计算机处理服务，并按向客户提供服务的时间收取相应费用。2002 年，美国亚马逊公司首次提供了被称之为 AWS（Amazon Web Service）的服务。2006 年，Google 的 CEO 在讲话中首次提出了云服务和云计算的概念。其后，云服务的说法广为流传，且得到迅速推广和发展。

云服务兴起后，互联网打破地域分割形成一个统一大市场，不仅满足了客户的个性化需求，为提供广泛的信息服务奠定了基础，而且其客观效果也使很多用户降低了创业成本。由此，越来越多的小公司开始挑战大公司，颠覆了以往“规模制胜”的工业文明。

（2）云服务的特点

如前所述，云服务给网络服务带来了一个非常巨大的变革，那就是从以设备服务为中心转向以信息服务为中心。

关于云服务的特征，一种说法认为，云服务类似于只支付所使用部分费用的实用计算。例如，SaaS就是企业用云计算技术向客户提供的Web服务。在这种情况下，用户通过互联网来利用其所需要的软件，并按所获得的服务即按所需要的软件的功能、所需要信息服务的时间和数量向服务商支付相应的费用。

另一种说法认为，云服务是Yahoo和Google以往向消费者提供的Web服务的升级。例如，亚马逊等公司向社会提供的IT服务，就是Web服务的一种升级进化模式。当初Yahoo和Google等是在加强安全防护技术的基础上，无偿地向企业提供信息服务，只向企业收取刊登广告的费用，然后再向企业提供服务，而这正是云计算的特征。就云计算而言，目前提供的云服务不仅仅局限于软件和硬件，其内容丰富而多样，包括安全系统、备份、灾害对策系统和应用程序编程接口（Application Programming Interface，API）等。

毫无疑问，云服务提供信息服务的领域和范围将不断扩大，新产品和新服务的开发将越来越快，其生命周期也必将越来越短。从而，信息服务的成本能够大幅降低。

1.6.3 云服务的发展现状

在云服务的发展前期，其性能是企业的关注点之一。随着云服务环境日益成熟，众多企业逐渐信任并使用云服务，最终使云服务跨越全球。

用户请求的资源虽然来自云，但云服务却不是固定的有形实体。用户不需要了解云服务运行的具体位置，只需要一台计算机或一个掌上电脑，就可以通过网络获取各种资源服务。

云服务的应用特点是可以跨行业自主选择，让用户通过互联网存储和读取数据。它所带来的服务模式的转变，使计算资源成为一种专业性的服务。目前，已经有许多知名公司提供云服务，大型 IT 商纷纷提出云计划，各企业对云服务也表示十分满意，对它的商业价值给予很高的评价。

云服务市场规模增长迅猛，有足够的发展空间。我国已将云服务作为战略性新兴产业之一，云服务产业规划也在多个省市相继推出，产业发展十分迅速，产业布局也正在形成。

1.6.4　云服务对传统 IT 行业的改变

现今，由云服务引发的一场变革正在进行中，以它为代表的信息技术也在逐渐深化发展。虽然云服务的标准还没有出现，但越来越多的管理软件厂商加入到云服务研发当中。他们都非常看好云服务的前景，争取在技术上取得更大、更绝对的优势，而且很多企业都正朝着云服务的方向发展，希望借此提升可定制化的优质服务来提高企业的生产效率。

1.7　二维码的发展

随着智能手机的普及，大众的支付方式也悄然发生变化，以二维码为支付媒介的商业模式逐步进入人们的眼帘。由于二维码支付技术具有信息储存量大、追踪性高、抗损性强、成本低廉等特点，使得客户可以在短短的几十秒内，无论通过广告还是虚拟网络，只需要扫描二维码，即可通过手机完成从订购到支付的全部过程，不用去商场挑选，不用在收银台排队等待刷卡消费，其便捷性得到业界普遍认可。它不仅代表了一种新的生活方式，也是当前电子支付研究的热点领域之一。

1.7.1 二维码的特点

任何一项事物的流行必定有其原因，二维码支付亦是如此。二维码支付主要有如下特色。

（1）技术成熟

二维码支付在国外发达地区已经拥有成熟的技术手段，这对于国内二维码技术的发展奠定了基础。

（2）使用简单

使用者安装二维码识别软件后，在贴有二维码的地方简单扫一下就可以完成交易。

（3）支付便捷

有了二维码支付，商家不必承受货到付款等高成本运营方式，而消费者也可以随时随地实时支付。

（4）成本较低

由于技术的成熟、移动设备的普及，使得二维码支付成本变得很低。

1.7.2 二维码的应用现状

二维码支付的本质是在虚拟世界和现实生活之间进行互动的一种行为，即 O2O（online offline，从线上到线下）。在该支付方案下，商家可把账号、商品价格等交易信息汇编成一个二维码，并印刷在各种报纸、杂志、广告、图书等载体上发布。

二维码最早是由日本 Denso Wave 公司发明的用于追踪汽车零部件的条码。国外的二维码技术目前已经大范围开始应用，美国、德国、日本、韩国、英国等众多国家将之应用于商业贸易、物流业、生产制造业、交通、安防、票证等行业的管理。

二维码技术为用户使用手机上网提供了极大便利，省去了输入 URL 的麻烦，一次按键即可快速打开自己想看的网页，大大提高了上网的便利性；此外，也为平面媒体、增值服务商和企业，提供了一条与用户随时随地沟通的渠道。

中国的二维码技术起步已久，但之前多家企业前仆后继的尝试因为没有得到市场积极的响应都没有成功；近几年，随着互联网的发展和智能手机的普及，二维码技术被广泛应用于商业领域。

1.8　大数据

1.8.1 大数据的定义

对于大数据，研究机构 Gartner 给出这样的定义：大数据是需要新处理模式才能具有更强的决策力、洞察发现力和流程优化能力来适应海量、高增长率和多样化的信息资产。

麦肯锡全球研究所给出的定义是：一种规模大到在获取、存储、管理、分析方面，超出传统数据库软件工具能力范围的数据集合，具有海量的数据规模、快速的数据流转、多样的数据类型和价值密度低四大特征。

大数据技术的战略意义不在于掌握庞大的数据信息，而在于对这些含有意义的数据进行专业化处理。换而言之，如果把大数据比作一种产业，那么这种产业实现盈利的关键，在于提高对数据的“加工能力”，通过“加工”实现数据的“增值”。

从技术上看，大数据与云计算的关系就像一枚硬币的正反面一样密不可分。大数据必然无法用单台的计算机进行处理，必须采用分布式架构，依托云计算的分布式处理、分布式数据库和云存储、虚拟化技术来运行。

现代社会是一个高速发展的社会，人们之间的交流越来越密切，生活也越来越方便，大数据就是这个高科技时代的产物。阿里巴巴创办人马云说，未来的时代将不是IT时代，而是DT的时代（Data Technology，数据科技），这显示出大数据对于阿里巴巴集团来说意义重大。

有人把数据比喻为蕴藏能量的煤矿。煤炭按照性质有焦煤、无烟煤、肥煤、贫煤等分类，而露天煤矿、深山煤矿的挖掘成本又不一样。与此类似，大数据并不在“大”，而在于“有用”。价值含量、挖掘成本比数量更为重要。对于很多行业而言，如何利用这些大规模数据是赢得竞争的关键。

大数据的价值体现在以下几个方面：

对大量消费者提供产品或服务的企业可以利用大数据进行精准营销；

做小而美模式的中小微企业可以利用大数据做服务转型；

在互联网压力之下面临生存危机的传统企业需要与时俱进，充分利用大数据进行转型。

不过，大数据在经济发展中的巨大意义并不代表其能取代一切对于社会问题的理性思考，科学发展的逻辑不能被湮没在海量数据中。著名经济学家路德维希·冯·米塞斯说：“就今日言，有很多人忙碌于资料之无益累积，以致对问题之说明与解决，丧失了其对特殊的经济意义的了解。”这种情况确实需要从业者加以警惕。

在当今时代，困扰应用开发者的一个重要问题是，如何在功率、覆盖范围、传输速率和成本之间找到那个微妙的平衡点。企业组织利用相关数据和分析，可以降低成本、提高效率、开发新产品、做出更明智的业务决策，等等。例如，通过大数据分析，可能发生下列对企业有益的情况：

及时解析故障、问题和缺陷的根源，为企业节省生产成本；

为快递车辆规划实时交通路线，躲避拥堵；

分析所有SKU，以利润最大化为目标来定价和清理库存；

根据客户的购买习惯，为其推送他可能感兴趣的优惠信息；

从大量客户中快速识别出金牌客户；

使用点击流分析和数据挖掘来规避欺诈行为。

1.8.2　大数据的趋势

（1）数据的资源化

资源化是指大数据成为企业和社会关注的重要战略资源，及争相抢夺的新焦点。因而，企业必须提前制定大数据营销战略计划，抢占市场先机。

（2）与云计算深度结合

大数据离不开云处理，云处理为大数据提供了弹性可拓展的基础设备，是产生大数据的平台之一。自 2013 年开始，大数据技术已开始和云计算技术紧密结合，预计未来两者关系将更为密切。除此之外，物联网、移动互联网等新兴计算形态也将一齐助力大数据革命，让大数据营销发挥更大的影响力。

（3）科学理论的突破

随着大数据的快速发展，就像计算机和互联网一样，大数据很有可能引发新一轮技术革命。随之兴起的数据挖掘、机器学习和人工智能等相关技术，可能改变数据世界里的很多算法和基础理论，实现科学技术上的突破。

（4）数据科学和数据联盟的成立

未来，数据科学将成为一门专门的学科，被越来越多的人所认知。各大高校将设立专门的数据科学类专业，也会催生一批与之相关的新的就业岗位。与此同时，基于数据这个基础平台，也将建立起跨领域的数据共享平台。之后，数据共享将扩展到企业层面，并且成为未来产业的核心一环。

（5）数据泄露泛滥

未来几年，数据泄露事件的增长率也许会达到 100%，除非数据在其源头就能够得到安全保障。可以说，在未来每个财富 500 强企业都会面临数据攻击的风险，无论他们是否已经做好安全防范。而所有企业，无论规模大小，都需要重新审视今天的安全定义。在财富 500 强企业中，超过 50% 将会设置首席信息安全官这一职位。企业需要从新的角度来确保自身以及客户数据，在创建之初便获得安全保障，而并非在数据保存的最后一个环节，仅仅加强后者的安全措施已被证明于事无补。

（6）数据管理成为核心竞争力

数据资产成为企业的核心竞争力，并直接影响其财务表现。当“数据资产是企业核心资产”的概念深入人心之后，企业对于数据管理便有了更清晰的界定。将数据管理作为企业核心竞争力，持续发展、战略性规划与运用数据资产成为企业数据管理的核心。数据资产管理效率与主营业务收入增长率、销售收入增长率显著正相关。

（7）数据质量是商业智能（BI）成功的关键

在未来，采用自助式商业智能工具进行大数据处理的企业将会脱颖而出。其面临的一个挑战是，很多数据源会带来大量低质量数据。想要成功，企业需要理解原始数据与数据分析之间的差距，从而消除低质量数据，并通过商业智能工具获得更佳决策。

（8）数据生态系统复合化程度加强

大数据的世界不只是一个单一的、巨大的计算机网络，而是一个由大量活动构件与多元参与者元素所构成的生态系统，一个由终端设备提供商、基础设施提供商、网络服务提供商、网络接入服务提供商、数据服务使能者、数据服务提供商、触点服务、数据服务零售商等一系列参与者共同构建的生态系统。

而今，这样一套数据生态系统的基本雏形已然形成，接下来的发展将趋向于系统内部角色的细分，也就是市场的细分；系统机制的调整，也就是商业模式的创新；系统结构的调整，也就是竞争环境的调整等，从而使得数据生态系统复合化程度逐渐增强。

案例

1. 大众点评：点评小助手

当搜索餐馆答非所问时，你可通过微信上的“大众点评”对点评小助手说句话。这时，点评发挥垂直领域的语义优势可迅速返回餐馆地理位置信息、图片和菜单，并标注电话，用户一点击即可马上拨打，这将是多么整合的体验。微信可以发送文字、图片、地理标记、音频、视频等多种信息，天晓得能够变化出多少不同的查询方式和回复结果。

2. 搜狗语音助手：语音查询交互应用

用户只要关注“搜狗语音助手”公众账号，即可进行实时的语音人机交互，获取各种资讯和生活服务，可以回答知识问题、播放歌曲、讲笑话、陪用户聊天。搜狗语音助手微信版是一款诚意十足的语音查询交互应用，与搜狗公司先期推出的搜狗语音助手一脉相承。同样借助云知声强大的语音识别技术，并集成搜狗在搜索引擎及输入法两方面的优势，对中文语义更加精准分析，轻松理解用户语义并与其进行沟通。

3. 大数据分析

我从微商小白起步，经过一次次碰壁，才学会从全局看问题。刚开始做微信公众号时，取了一个很文艺的名称，没有任何规划就下场了，一路跌跌撞撞走到今天，只能说足够幸运。

当微信平台首份数据研究报告出炉后，引起包括我在内的相关从业者的强烈关注。

我们先分析微信用户的基本信息。男性用户超过 60%，35 岁以下用户超过 85%。这表明，35 岁以下人群是微信主要用户群体。25 岁到 35 岁之间的用户一般经济独立。那么微商在选择产品、定位价格时，可以结合某个年龄段人们的消费水平与习惯进行匹配。比如，某个销售海鲜的微商，他一直选择新鲜优质的海鲜，自行烹制后再配送给买家。喜欢吃海鲜的客户大多注重生活品质，所以这类业务虽然小众，但是用户群定位精准，只要保持一定接单量，生活赚钱不成问题。

接下来，我们分析微信的社交营销数据。大部分人的好友在50到100个之间。若某个微商分别在上午九点、下午三点更新朋友圈消息，我的微信只有80名好友，那么打开朋友圈都是他的广告。长此以往，忍无可忍，只能屏蔽他的消息。

这样的例子有很多。数据不仅是用来看的，更需要仔细分析。微信使用频率很高，但大家不是为了看广告，而是为了看朋友们的生活状态。虽然有购物数据，但是你要知道，大家是在什么情况下购物的。微信购物是很碎片化、场景化的。晚上躺在床上，快11点了，一个名为"果壳大王"的坚果店公众号推送了一条消息，满屏的坚果美图，看得人垂涎欲滴，刚好家里零食不多，肚子也有点饿，于是就下单购物了。

既然用户是在公众号的推送刺激才购买下单的，那么就来看看公众号的数据。近八成的人关注了微信公众号，类型以企业和媒体为主。关注公众号的目的是，获取资讯、方便生活、学习知识。

微信公众号的运营者尤其应该注意这一数据。用户关注公众号，不是为了看广告，而是为了获取信息。不管其目的是专业的知识，还是实时的新闻，都是想从公众号中汲取一些东西为己所用。所以，如果你是微商，且只知盲目刷屏，那么注定被淹没在茫茫微商大军中；如果你是公众号运营者，发布的内容多为广告或者企业相关信息，那么公众号粉丝将逐渐减少。

从数据来看，大约有两千万人直接、间接地在微信上从事商业活动。换而言之，微商大军已经突破两千万，微信公众号也突破1000万。其扩张速度和规模，明显快过淘宝电商。

作为一个社交平台，怎么样接入商业是值得思考的。微信给我们指明的道路就是服务型 O2O，即线上线下相结合，做一个本地电商企业。微信公众平台接入各方资源，比如购物网站、政府机构等，用户只需打开微信即可办理各种业务。当你还在刷屏卖货的时候，有些人早已经通过数据分析精准地找到发展方向。卖点东西很简单，难的是一直卖出去。所以，当下的微商和微信公众平台紧靠一个人的单打独斗很难发展起来，必须规模化、正规化，才能在未来赢得战争！

1.9　中国式移动支付布局全球

微信支付宣布携手 CITCON 正式进军美国，用户在美国的衣食住行均可通过微信支付直接用人民币结算。据报道，与旅游相关的酒店、乐园、码头、餐厅、小吃店和娱乐场所等，买单时也可使用微信支付。

2010 年，宽松的美国签证政策，以及中美航线的不断增加，为微信支付在美国的推出提供了有利条件。微信支付通过合作伙伴，与毗邻加州的迪斯尼乐园、西南海岸的阿纳海姆贝蒙特套房酒店、旧金山湾区的渔人码头 Hana ZEN 日本料理餐厅、旧金山湾区奥特莱斯 Great Mall 的 Nobel Luggage，以及纽约布鲁克林 Tbaar 茶霸奶茶、塞班岛 Skydive Saipan、俄勒冈州 Sandy 市滑雪训练营达成了合作，这意味着去这些地方消费轻松，扫一扫就能付款。微信支付还与 WE Housing 合作，为长期在美居住的留学生提供最详尽和最靠谱的公寓信息，帮助国际学生获取租房的第一手资料，使留学生可以随时领取独家折扣从而更好地过渡和融入美国留学生活。

截至 2017 年，微信支付已登陆 15 个国家和地区，支持 12 种外币直接结算。

2017 年 4 月 30 日，微信发布了《“五一”无现金出境报告》，该报告以 8.89 亿活跃用户为样本，还原国人跨境无现金消费全景图。与 2016 年报告相比，中国香港跃居微信跨境支付笔数最高的旅游目的地，韩国从过去排名第一的位置首次落后。

从微信用户流向来看，广东用户最多的目的地是比邻的香港，上海用户出境最多的是飞行距离短的日本，北京用户去美国最多，而浙江用户去意大利最多。同时，出境用户性别比例与去年反转，男性略多于女性，占总量的 53.3%。

“五一”期间，使用微信支付最多的境外目的地依次为中国香港、韩国、泰国、日本、澳大利亚、中国台湾和新西兰，新加坡也是内地游客的“无现金剁手集中地”。

泰国是中国游客无现金支付笔数增长最快的国家。2017 年，泰国的交易笔数，第一个显著高峰是春节，较节前上涨了 104%，这与到泰国旅游的中国人数增长有关。4 月泼水节，单日笔数最高值比春节单日最高再涨 38%，同比增长 6 倍。在泰国，大到曼谷的连锁免税店，小到清迈、普吉岛的街边小贩都已大规模支持微信支付。也就是说，中国人去泰国不用带钱包了，一个手机加一个微信，足够横扫大小商场。

号称世界第一强国的美国，其移动支付市场已经远远落后于中国，规模为 1120 亿美元，仅是中国的五十分之一。在移动支付领域，中国已经成为举世公认的先锋，率先冲入无现金社会。

微信支付进军美国后，将直接与另一个强劲对手——苹果，正面交锋。移动支付体系是当今最先进的支付体系，更是打开新金融时代的金钥匙。苹果对这块大蛋糕虎视眈眈，它抢夺这个蛋糕的利器便是 Apple Pay。然而，与微信支付相比，Apple Pay 始终略逊一筹。

1.10　政策

1.10.1　社交电商和微商的定义

社交电商是基于人际关系网络，利用互联网社交工具，从事商品或服务销售的经营行为，是新型电子商务的重要表现形式之一。微商是社交电商的重要组成部分，主要指从业者利用互联网社交媒体作为传播工具完成商品与服务交易的行为。目前社交电商的主要表现形态是：实物产品交易、服务产品交易、虚拟物品交易和社交网络广告。

为提高交易效率、降低交易成本以及获得更多的用户，社交电商和微商的模式和形态也在不断进行升级和演进，2017 年主要呈现两个特征：

一是社交电商平台呈下沉态势，趋于提供底层的服务。社交电商和微商既可以使用社交电商平台提供的功能，完整的标准化交易服务，在社交电商平台的闭环内实现交易，也可以雇佣第三方开发者、服务商，在社交工具提供的部分或全部交易服务接口上，进行定制化、深度化开发，创建个性化的交易环境，以实现社交电商平台的资源投入与用户需求相平衡。

二是社交电商和微商渠道需求旺盛，趋于突围社交平台闭环。它们自建独立交易网站、入驻第三方交易平台，或者通过第三方开发者、服务商，在社交电商平台的基础上穿透社交平台闭环，以期从多渠道获得用户流量。

1.10.2　微商行业发展现状

（1）政策立法和监管重视度进一步提高

微商从业者普遍希望国家对社交电商和微商行业进行具体规范。目前，国家对社交媒体的营销活动并没有明确的相关规则。不论是法律法规还是行业标准，都需要由政府出台相关的政策和制度，才能使行业健康地发展。

以商务部、国家工商总局为代表的政府主管机构已经开始对社交电商和微商行业进行调研走访，并开始考虑相关的立法立规和明确责权的问题、监管问题、行业标准问题以及诚信体系建设等问题。

（2）传统行业企业踊跃尝试微商营销新模式

传统企业纷纷布局微商销售渠道，品牌效应正在形成。初期，传统美妆企业借助产品优势实现微商渠道突破，加剧了行业竞争，为品牌企业进入微商领域树立了标杆。医药品牌借助微商打造“大健康”的概念，国内著名医药企业纷纷通过微商进行渠道营销，这成为传统医药品牌持续发展的最佳捷径，并提高了传统医药品牌影响力。传统企业纷纷触电微商，表明微商行业进入了依靠产品品质、产品差异化和特色化竞争的阶段。

（3）微商商业模式呈现多样化发展特征

对于注重口碑相传的微商行业，品牌影响力在营销中的作用尤为突出。因此，不仅中小型微商逐渐意识到树立品牌和宣传品牌的重要性，一些成熟的大型品牌也在试水微商营销渠道时大力进行品牌化宣传。品牌化趋势成为当前微商领域发展的突出特点之一。

微商商业模式的品牌微商、个人微商、微商代理商和平台微商，呈现出多样化发展的特点，带动了产业链中各类企业的成长。微商最初由品牌商（产品生产商）切入，带动了个人微商和微商代理商的发展，逐步发展成相对成熟的微商品牌。随后，知名传统品牌、电商品牌进军社交电商和微商，大型电商平台以及导购型平台开始深度介入，推动微商商业模式由 C2C 向 B2C 发展，并促进了“大平台、多前端”这种代销模式的形成。

微商销售的商品种类很多，且种类持续扩大，已经由购买频次高、价格较低的单一美妆产品，扩展到母婴、食品、服装、鞋子、保健品、家电、数码、农特产等多类商品。

微商的参与主体范围不断延伸。参与主体主要由自由创业者和在职人员组成，即全职微商和在职微商。从参与主体到参与形式，都呈现多元化发展态势。

随着微商规模化发展以及微商供需双方的快速壮大，产业中的增值服务环节开始出现，对于周边服务的需求也不断增强。以提供流量导入工具、微信技术解决方案等服务的第三方服务商以及相关行业的培训机构、研究机构应运而生，微商产业链已初步成熟。

投融资市场对微商行业已经从关注走向具体投资的落地，资本市场的预热趋势初步形成，一批品牌微商和平台微商获得融资。随着资本市场对微商领域关注力度的加大，微商产业生态体系中的各个环节基本完善，完整的生态圈雏形已经显现。相信在未来的一两年中，微商生态体系将逐步发展完整。

1.10.3 微商行业发展中的问题

（1）合法经营问题

合法经营问题包括产品三证是否齐全、微商企业是否进行了工商登记注册、日常经营中是否遵守了税务政策制度、产品宣传是否遵守了《广告法》、是否有完善的售后服务体制等。微商行业虽然是一个全新的商业形态，但它仍然是商业贸易的一种类型，日常经营的所有环节是有法可依的。当前，某些微商由于经营规模小，在合法经营问题上闯红线、跨禁区，这一现象已经引起政府、舆论监督机构、优质经营的合法微商从业者的广泛关注。

（2）产品质量问题

一部分微商没有优质货源，所售商品质量存在问题；还有一部分微商的商品三证不齐，不具备对外销售资格。同时，消费者购买到假货或劣质商品后不易投诉。

（3）虚假和过度宣传问题

部分微商对知识产权和产品宣传的责任义务了解甚少，特别是在广大消费者也不清楚的情况下，在经营中存在虚假宣传行为，很容易让消费者上当受骗。

（4）缺乏售后服务机制

如果商品提供方或微商不统一对商品提供售后服务支持，那么消费者很难获得售后服务保障。而这种现象普遍存在。某些微商认为，熟人售卖这种方式会使消费者基于信任而忽略企业、产品资质和售后服务凭证，因此一旦出现问题，消费者很难保障自身利益。

（5）被传销利用的风险

一部分传销者打着微商的旗号，明分销暗传销，扰乱市场。多级分销是可以存在的微商模式，但跨级分成就不属于正常的微商经营模式范畴。类似传销性质的微商行为将受到政府的严管。微商容易成为传销的滋生地，其关键点在于和传销的基因一样，微商的本质就是基于人际关系的商业形态。随着各类社交软件进入全民生活，传销人员也开始利用新媒体来发展下线，这是个客观存在且不可避免的现象。就这样，传销分子假借微商名义，扰乱了微商行业的正常发展轨迹。根据相关法律法规规定，不管传销组织如何变换手法伪装自己，只要具备“交入门费”“拉人头”“组成层级团队计酬”等条件，就可认定为涉嫌传销。

微商行业衍生的很多问题，应该由多环节共同承担。微商要以依法经营、健康发展为已任，同时有义务督促下属经销商诚信经营、健康发展。作为监督机构的政府相关部门，也要提出合理的建议和规章制度来约束不守规矩的微商。为了推动微商行业健康有序发展，政府一定要加强对微商的重视，同时也要合理地监管微商。无规矩不成方圆，只有存在合理的规则，才能制约那些不遵守规则的人，让真正希望这个行业健康发展的微商更好地为社会创造价值。

1.10.4　微商的生态体系

（1）行业的生态分布

早在2015年，微商的生态体系就已见雏形。微商行业发展到今天，不仅提供商出现了品牌微商、个人微商、微商代理商、平台微商、微商服务商等多种类型，而且在他们与消费者之间形成了完整的、成熟的渠道、支付、物流等中间环节。此外，2016 年以来，诸如导流平台、研究机构等第三方服务机构也纷纷涌现。截至目前，生态系统中各个环节不仅已经完整，而且均处于良性竞争发展的状态。无论是产业中的经营者还是消费者，都可以自由选择适合自身偏好、特点的工具和服务提供商，来获得完善的服务支持和购买体验。

2017 年，平台微商的快速发展成为行业亮点，主要表现形式为：品牌商自建平台和第三方服务平台。

（2）品牌商自建 App 平台的自营销售

如果说之前平台只是微商的一种渠道形式，那么近来微商的平台化发展就成为一种最典型的趋势。建立平台化发展模式，不仅可以规范经营、扩大规模，还可以增加经营产品品类、吸收多元化的微商社群和团队、扩大自身品牌影响力。品牌微商通过自建 App 平台进行多元化营销就是一种典型的尝试。

（3）独立第三方平台提供技术服务

2016 年，第三方平台微商开始集中崛起，商品朝多元化发展，平台微商努力解决技术服务、货源管理、交易机制、信任机制以及消费者保障等核心交易问题，从而可以容纳更多的品牌和产品，扩大社交电商和微商发展空间。第三方平台微商拥有自己的品牌建设、产品选择和平台运营团队，有持续和稳定的竞争力。他们在管理、培训、扶植代理等方面系统化规划，积极发展。同时，平台微商也在不断吸纳其他小平台的加入，希望通过以上行动增加流量入口和用户黏性，成就社交电商和微商的大市场。他们的愿景就是要成为规模更大、管理更先进、盈利能力更强的微商平台。

基于市场的发展和正规化的要求，逼迫微商从狂热回归理性，监管逐渐完善。平台微商成为行业主流，并在个人微商、品牌微商以及社群微商的融合下迅速发展，加速人人零售的进程。平台化是微商发展的大趋势，目前，国内已经出现微分销商城及平台化的服务产业园等，这都是这个行业不断走向成熟的表现。

1.10.5 新微商和新零售

互联网及电子商务的普及令很多传统企业跃跃欲试，而在尝试意愿的驱使下，传统企业最突出的想法是利用互联网手段，开创企业全新的线上营销模式，其看中的就是互联网营销不仅效率更高，更重要的是它代表了未来发展趋势。因此，中国各行各业的传统企业在产业转型大环境和“互联网 +”政策的双重指引下，开始了多样化的尝试。而微商这种包含了互联网、移动、社交、高效等所有未来趋势元素的商业模式，迅速获得传统企业的青睐，开创微商新型销售模式也成为传统企业试水微商最多的尝试。

今天，很多传统企业的经营困点是由于市场竞争激烈、销售渠道成本居高不下，导致销售遭遇瓶颈，经营效率很难获得突破。因此，寻求新型的、具有突出效率的电商营销模式，成为企业创新的重点。而微商这一销售模式往往对于适销对路的产品，可以带来几倍于传统电子商务、数倍于传统线下商品交易的营销效率。就像当前“双十一”“6 · 18”等热门电商活动，为企业带来的经营效益，对传统企业产生着年复一年的冲击。同样，微商领域也涌现出很多个案，对传统企业甚至传统电商企业的营销效率产生了更大的、颠覆性的冲击。

很多传统企业的转型在今天的市场竞争中已经势在必行。甚至这种转型是全行业的，无论是因为运营成本的居高不下，还是消费者对老旧产品已失去购买意愿。对于很多传统企业而言，急需结合自身资源和特点，开发出全新的迎合消费者需求特点的新产品，同时打造最适合新产品的销售渠道。产品与营销方式的创新不存在先后，二者是相辅相成的，这对于很多传统企业不仅是挑战，也是生死存亡的关键。而微商的出现，令一部分传统企业在近两年找到了尝试的方向和方法。无须大规模的渠道终端的店面搭建成本、快速扩充销售队伍的便利手段、迎合年轻人偏好的营销方式、针对性开发优化的产品等特点，令一部分传统企业快速切入微商模式，找到自身转型的出路。

传统企业既经营传统门店，又经营电商，还经营微店，这是 2017 年最全面的营销模式。如果把三店再融为一体，互为补充、互为延展，那么这就是当下最具前瞻性的创新企业经营模式。近几年消费者经常提到线下体验、线上采购，而作为提供商，不仅是从用户端的需求出发，提供了线下门店、线上电商、移动社交微商的产品销售模式，更为重要的是将三者融为一体，从商品的营销推广、应用体验、销售购买、客户反馈形成全流程全方位的融合。这种立体营销模式将为企业自身的经营和运转实现全新的效率整合，也将为消费者带来最舒适的采购体验。

第2章　微商的商业模式

在当代经济社会中，商业模式已经成为使用频率最高的专业名词之一，甚至我们经常使用“商业模式理论”这样的说法。然而只要认真查阅相关资料你就会发现，事实上，商业模式至今仍然没有形成完整的理论体系，形成这种状况的原因有很多。首先，由于商业模式属于一种介于企业与市场之间的组织形式，因此对其本质的理解需要一次认识上的突破与飞跃；其次，由于商业模式涉及的内容十分广泛，因此很难形成一套系统的、受到广泛认同的理论构架。如此，随着信息技术及管理技术的发展，商业模式已经成为影响企业成败的关键因素。

通俗地讲，商业模式是指人们在从事商业经营活动时所采用的方式方法的总称。由此可见，商业模式既不神秘也不新鲜。实际上从人类有了剩余财产和交易活动开始，商业模式就已经存在了。中国古籍中有这样的记载，古代神农氏教大家“日中为市，致天下之民，聚天下之货，交易而退，各得其所”。这里对当时的商业模式描述得是何等清晰。就是说由政府统一规定一个时间和地点，到时候老百姓带着自己家里多余的东西到市场上交易，各自从交易中获取需要的物品。后来由于交易的需求催生了专门从事某种生产的作坊、工厂，随之也出现了固定化的交易场所——店铺。店铺集中的地方又逐步聚集和扩大而形成了城镇。即使在贸易极为发达的条件下，经商之道也没有脱离织、造、买、卖、运、付、收这样的传统套路。这些古老而传统的商业模式既简单又实用，延续数千年都没有发生太大变化。实际上，正是由于传统商业模式的形式简单、实用，而且特别稳定，才没有让人们感觉到它的重要性，甚至都没给它取一个专有名词，当然就更没有可能形成一门专门理论了。

20世纪中期之后的情况就完全不同了。先是以“福特汽车”为代表的制造业产业链模式的形成，后来在商业领域出现了连锁店、大卖场、超市、仓储式销售等五花八门的新商业形式。人们惊奇地发现，企业的发展不仅靠技术进步，经营方法创新的作用可能更大。尽管这时还没有出现商业模式的明确概念，但是企业经营理念开始沿着客户与合作伙伴的方向延伸。企业与合作者之间关系的强化引发的经营方式的种种变革，已经引起人们的重视，并且不断地释放巨大的创新潜能。

可以毫不夸张地说，商业模式的变革影响了时代的变革。彼得·F.德鲁克将这个时代称之为“非连续性时代”。查尔斯·汉迪则把这个时代的两大特征概括为“非理性”和“确定性”，并且声称，我们只能在这个非理性的、不确定性的整体环境中成功或者失败；要想成功，就不得不学会与这个“非理性”“不确定性”的环境相处。大师们的论述都在说明，20世纪以前的社会经济发展为世界文明进步提供了丰富的物质基础，而信息时代的降临才给人类经济社会带来了翻天覆地的变化。在新的时代中，竞争形式变得复杂难料，只有商业模式加以创新，企业才有可能创造难以想象的奇迹。

商业模式的研究热潮形成于20世纪90年代后期。伴随网络信息产业的兴起，原来十分昂贵甚至难以实现的信息管理、信息运用以及信息传递等障碍一下子消失了。不可能一下子变成了可能，昂贵的事情突然变成轻而易举。网络技术超越国界影响全球不同地区的人们，顾客与企业之间都有更多的选择权利，他们获得了更多的关于合作、商品、服务、渠道的信息。这样的变化引起了商业经营理念与经营格局的巨变，甚至变得叫人们看不懂了，于是商业模式成了最热门的话题。商业模式理论也在这个时候开始成为人们研究和关注的焦点，尤其成为企业家和投资家们最为关注的概念，甚至将其看作关系一个企业兴衰成败的首要因素。商业模式不再是人们视而不见的经商方法，而是决定企业竞争优势的关键。在这次变革当中出现了搜索引擎，出现了电子商务，出现了各种类型的行业门户网站；此后随着对网络热潮的反思，信息、网络技术变成了实体企业必不可少的经营工具。信息、网络技术与实体经济相结合成为一种趋势，其结果大大促进了实体企业商业模式的变革。品牌、连锁、外包、集成等多种多样的商业模式都出现了蓬勃发展的势头。由此，商业模式变成了一个覆盖所有行业的通用概念。

2.1　商业模式的交易结构

好的商业模式，交易结构很重要。一般有两个特征：一是企业自身很强大，焦点企业具备可持续盈利的能力；二是与企业合作的利益相关者实力都很强。同时，商业模式的创新会带来两个结果：一是带来指数级增长。跟旧的模式相比，增长速度会更快。二是黑洞效应。能把原来旧模式里的利益相关者都吸引到新的模式。比如，滴滴兴起后，黑车司机就少了很多，被新模式转化了。新的模式能够对旧模式实现替代。整个连接在一起，就能实现行业的升级。

因此，商业模式，就是通过设计焦点企业与利益相关者的交易结构，实现价值提升、成本节约、增长加速等目标。每个人在设计商业模式时是有路径的。好的商业模式不是为了创新而创新，真正要做的，是促进企业发展升级。

任何企业的转型都不只是自身在变化，还会带动一群合作伙伴变化。当一家企业转型时，其合作伙伴会评估机会成本，然后决定是否与企业一起走向新模式。

案例

这几年，数字影院逐渐占据市场主流地位。但是在前几年，数字影院还不够普及。这是因为传统影院要变成数字影院，需要购买昂贵的设备并斥巨资重新装修。有鉴于此，一些大院线如万达、中影等，共同成立一个基金会，用以投资设备，并把这些设备投入到影院帮忙改造，然后只收取一定租金。这对于一些小影院来说，投入大大下降，也顺利把旧模式转换成新模式。所以当微商做技术革新时，更要考虑、评估客户使用这项技术时，会产生哪些变化，以及使用的成本。

对微商来说，寻找杠杆资产也很重要，就是要找到能为你的产品赋能的大企业。很多大企业其实很喜欢和微商互动。如果你能利用杠杆资产与大企业合作，可能就会产生一分投入，十倍产出的效果。另外，寻找赋能对象也很重要。也就是你给谁赋能？你的客户通过你的系统能解决什么问题？比如滴滴，不管是司机还是乘客，通过这个系统都能大大降低成本。

2.2 商业模式的变革

对于商业模式来说，不需要追求太大的变化，有可能只改变一个点就会产生巨大的效益。微商的商业模式，可以在以下三个方面加以调整：

（1）利益相关者

针对利益相关者，我们可以通过增加 / 减少 / 拆分 / 聚合 / 选择 / 改变利益相关者，实现商业模式的变化。在利益相关者里，又有一类是“关键利益相关者”，就是能实现战略目标，使商业模式实现质的飞跃的人。对于这一类利益相关者，在商业模式设计里，需要重点关注。

（2）活动环节

活动环节包括切割重组、碎片聚合、去中间化再中间化等过程。有些行业的营销渠道、链条很多，改变商业模式、升级技术水平，可以解决其中的无效环节。去掉某些环节，效率就能得到提高。

（3）资源能力

资源能力可以通过设计新的商业模式来加以提高，让微商的资源能力创造更大价值。

案例

万科"小股操盘"

万科以前主要在一线、二线城市发展，近几年逐渐将目光向下转移。它主要的动作就是"小股操盘"——付出很少的股份，但是能操作整个盘，将其做起来，获得更多的价值回报。万科的优势在于开发能力。二线、三线城市的开发商，一般只拥有资金和土地，开发能力一般。在传统的角色定义上，他们是万科的"竞争对手"，但在小股操盘模式中，他们却是万科的"合作伙伴"。万科出小部分资金，占小股份；小开发商出土地和大部分资金；万科投入团队负责操盘开发，获得项目管理费用、股份分红、项目溢价收益等。于是，万科与二线、三线城市开发商建立了新的交易结构，即"小股操盘"模式。

对于很多小微商，其实可以盯着大企业，不是为了竞争，而是为了洞悉他们下一步做什么，为了琢磨他们的商业模式。如果有大企业的短板恰恰是自己的长处，那么不妨合作，从竞争对手转变为合作伙伴。微商发展到一定程度时，最好的成长方式就是和大企业共舞。这样才能充分借用大企业的杠杆资产来发展自己的实力。很多微商在做大之前，都是在关键节点上利用了大企业的杠杆资产，借势发展。

微商不能只思考自己的商业模式，还要琢磨其他行业的商业模式。微商是可以去琢磨大企业的，甚至可以为他们设计商业模式，让大企业里有自己的一部分。在设计商业模式时，如果是做大变革，利益相关者、活动环节、资源能力这三个一定要去分析，有可能会产生新的价值。

2.3 商业模式微设计

在商业模式上，一些微小的设计，尤其是针对微商发展瓶颈做的小设计，也能创造出巨大的价值。一般通过交易方式（怎么交易）、交易定价（如何定价）来切入商业模式的微设计。

案例

飞贷

飞贷是深圳的一家移动信贷公司。它的商业模式变化经历了三级跳：

第一阶段：信贷工厂，解决贷款人或企业难以向银行贷款的问题。它的做法是先搜集贷款人或企业的资料，然后通过筛选，再把用户推荐给银行，用户就能获得银行贷款。同时，又具有需要大量人工、赚钱效率低、规模受限制等缺点。

第二阶段：将信贷移动互联网化，它的做法是研发了飞贷 App。它通过分析客户的信用记录，判断一个人的行为逻辑，能不能贷款。

第三阶段：靠技术赚钱，专注金融科技，它的做法是找了一家全国性的担保公司。担保公司虽然也是放贷的，但是他们对用户的了解相对还不够，技术相对也薄弱些。引入这家公司，就能为担保公司提供技术支持，飞贷也就实现了靠技术赚钱的目标。这时候，规模和资金就不再是飞贷的瓶颈。

所以，微商应该针对自身发展瓶颈来做商业模式的微设计，尽管动作很小，但是价值很大。飞贷就是依靠技术创新和商业模式创新两者的结合，实现了企业转型。技术创新包括：将所有内容数字化、数据实现在线共享、智能化（交互反馈、深度学习、人工智能等）。而商业模式创新，有三个特点：一是社交化，顺从人性；二是即需即供，根据使用权定价，比如以前买车是一次花费几十万，而现在使用滴滴打车，一次交易花一次钱；三是充分利用杠杆资产与赋能。比如万科的“小股操盘”，与二线、三线城市的开发商合作，将自己的开发模式复制出去，获取巨大收益。

利乐

利乐在进入中国之初，主要业务是销售包装纸和包装设备。但由于利乐设备价格昂贵，一般要数百万元，所以一时难以打开市场。后来利乐做了个动作，修改定价。原来是需要一次性付清几百万来买下设备，现在是改用“80/20”的设备投资方案。客户只要付款 20%，就可以安装设备，此后 4 年，只要每年订购一定量的利乐包装材料，就可以免交其余的设备款。单单修改了一个定价，就让利乐打开了市场，并占据中国 90% 以上的乳业包装市场。

随着竞争的进一步加剧，企业为了节约成本，拿出财务报表才发现：最大的一块成本支出竟然是利乐的包装材料。当有些企业试图更换包装材料时，却发现无法更换了。因为，利乐通过“条形码灌装机”的专利，使其他品牌的包装材料无法在利乐的设备上使用。

那么更换设备呢？成本更加高昂。此时，牛奶成套灌装设备已经涨价到数千万，如果更换全部设备，乳业企业就要面临破产清算的风险。

没办法，中国的乳业企业们只能继续使用利乐的包装材料，源源不断地为利乐创造利润。

当然，利乐也给客户提供很多有价值的增值服务。比如，“生产过程追踪模型”技术。“生产过程追踪模型”可以实现产品追溯功能。如果顾客从超市买回去的一盒牛奶出现问题，根据产品所存储的信息，可以将它的生产过程重新检查一遍，就能知道是哪一个环节出了差错，实现了生产过程可视化。与此同时，生产企业可以快速而准确地界定差错产品的责任环节以及产品范围，从而有针对性地召回差错产品。这项技术不仅为企业节约了成本，也以最快的速度消除了产品对消费者的潜在危害。

因此，对于定价，主要是以下几个关键点：降低一次性投入，大大节约谈判成本；新产品的定价，如果太高，难以打开市场，如果太低，难以为利益相关者带来收益；“80/20”方案其实也是“剃须刀 - 刀片”模式，设备是剃须刀，包装纸是刀片，两者形成一种绑定。所以，应用任何一种商业模式时，需要理解商业模式背后的逻辑。

第3章　微商的发展

3.1　微商发展的形态

从朋友圈代购到微信小店的开放，再到各大平台微商的兴起，微商经历了从 C2C 到 B2C 的转变。人们对微商的讨论不再局限于朋友圈卖货、零售终端的渠道拓展，而是将其当作一种新的去中心化的移动社交电商来探索。

3.1.1　品牌微商

微商最开始是以品牌代购的形式在朋友圈流传的。微商的概念也经历了一个从微信电商——微电商——微商的发展过程。首当其冲的是美妆品牌，如俏十岁、思埠等将朋友圈作为销售渠道，结合传统代理制进行销售管控，所以被称为微商模式。由于官方的放任和个人自控能力的缺失，导致这种微商遭受颇多的质疑。央视在调查一些违规违法的面膜作坊后发现，不少微商品牌存在制假造假行为，一时间舆论四起。

3.1.2　个人微商

这种微商主要是以代购、朋友圈卖货为主，代表产品为奶粉、面膜、奢侈品等。部分微商复制品牌微商的代理模式，以次充好，以假乱真，频繁刷屏，搅乱市场。

如果你是一个时尚博主、行业意见领袖或社交达人，做个人微商前景会非常广阔。销售化妆品类的极致单品、爆款，食品类的地方特产，生鲜类的鲜花、蛋糕，母婴类的海淘代购，手工艺类的草鞋、雕塑等产品，这些都可能会迎来爆发。

3.1.3 社群微商

社群微商即由某个群体内的意见领袖发起，以兴趣点或某种情感共鸣形成的在线社群，通过有主题的运营，转换粉丝为消费者而实现变现。社群有两种，一种是明星式的社群，这类领袖往往是牛人、大咖，能言善辩。还有一种是一个小组织服务型社群，它寻找外部资源来对接内部资源，以分享、互助为目的。

这里所说的社群微商主要偏重后者。当社交媒体侵入人们的生活后，很多在论坛、博客、微博等混迹多年的培训师、创业者，开始在社交媒体上撰文、开设讲座来吸纳粉丝，逐步变成某个领域的意见领袖，如宗宁的大熊会、匡方的匡扶会等。这些社群的特点，基本上可以用三个词语总结：传递价值、对接资源、学习帮助。社群微商多以培训切入，以专业辅导为主，培训新人，同时吸引和扶持成员成长为明星案例，最终扩大会员，提供高端服务收费。会员之间产生商业合作、宣传推广、资源对接等。

3.1.4 平台微商

平台微商表现在V店、趣务微店等平台微商的崛起。相对于个人微商，平台微商有许多独特的优势，如不用囤货，并解决了货源、交易机制、信任机制以及消费者保障等核心交易问题，且商品也更加多元化。它完全是一个去中心化和去流量化的交易平台，有着一整套完善的交易机制，从上游的上架选品，到中游的代销分销，再到下游的购买返佣等，形成了一个完整的链条。

平台微商的兴起，避免了朋友圈刷屏、假货横行的现象。品牌微商、个人微商以及社群微商逐渐向平台微商转移，表明微商正从丛林时代走向规范有序时代。微商尝试运用平台的信任机制、系统、数据等进行管理和销售。总而言之，微商始于品牌，乱于个人，兴于社群，重构于平台。

3.2　微商的发展方向

未来在平台微商上逛，推荐、分享和搜索三大购物习惯会并行存在，但比例会发生很大的变化，搜索和朋友间的推荐分享将会占主流并将同比存在。基于以上三种购物模式以及微商去中心化的平台属性，微商的发展将呈现以下三种趋势。

3.2.1　以自营为主的 C2C

目前微商主要以 C2C 的个人微商为主，得到品牌的授权通过代理的形式在社交媒体上进行推广销售。前期通过朋友圈红利，这批微商确实挣到了一些钱，但随着层级代理越来越多，产品日益同质化，加之舆论的围剿和官方的施压和打击，这种微商的数量将开始下滑。坚持走非标化、品牌差异化和品质路线的微商迎来春天，于是各种会讲故事的土特产、生鲜、手工艺品等社群微商、圈子微商脱颖而出。这种微商的好处是商家可以直接通过第三方平台做直销，在营销上相对比较灵活，价格上可自主定价。但缺点也较明显，如产品管控较难、产能得不到保障、自己得负责物流和客服等重任。

3.2.2 以代销为主 B2C

经过时间的淘洗，微商从 C2C 向 B2C 的转变越来越明显。因为 B2C 首先对商家来说有平台做担保，各种功能比较齐全，消费者的权益能够得到保障——有完善的交易体系和维权体系。同时 B2C 的平台微商可以为代销者提供佣金分成，让很多消费者转化成分销者。B2C 微商的好处是产品的质量能得到有效保证，借助微博、微信等社会化媒体可以快速聚集到自己的分销员。但它的劣势也较为明显，分销员不可以改价，而且随着库存的增多，产品的同质化会越来越严重，佣金随着产品价格的调整而调整，有些较低购买频次的产品无佣金返还。

3.2.3 以自营＋代销的 B2C2C

所谓B2B2C，第一个B指广义的卖方（即成品、半成品、材料提供商等），第二个 B 指交易平台，即提供卖方与买方的联系平台，同时提供优质的附加服务，C 即指买方。卖方不仅仅是公司，可以包括个人，即一种逻辑上的买卖关系中的卖方。B2B2C 把“供应商—生产商—经销商—消费者”各个产业链紧密连接在一起。整个供应链是一个从创造增值到价值变现的过程，把从生产、分销到终端零售的资源进行全面整合，不仅大大增强了微商的服务能力，也有利于客户享受更多的增值服务。

虽然这种形式看起来比较完美，但商户本身很难有价格优势。且平台没办法对商品质量、服务、配送、售后等关键因素制定统一标准，所以商家的产品质量参差不齐，用户的购物体验也有优有劣。

3.3 微商的发展趋势

微商行业已经发展多年，我在 2011 年就进入微营销领域，见证了微商的发展历程：从不认可到认可，从不规范到规范，从小规模到大市场。2013 年是小试牛刀的时代，2014 年是护肤品时代，2015 年回归微商本质，2016 年是微商抱团时代，2017 年是微商品牌时代。微商就是未来，你在哪里？

3.3.1　重线下发展

随着微商的快速发展，线上流量红利竞争越来越大，仅仅依靠线上的弱关系管理很难支撑整个团队的发展，2017 年是微商回归线下的一年，是微商 O2O 发展的一年。微商之所以能发展这么快也是基于线上的传播优势，你会发现很多品牌一夜就刷爆了朋友圈，让微商圈内都知晓。但随着进入的品牌越来越多，流量也成了最大的竞争。线上的流量红利肯定还在，只是需要花费的成本会越来越高，这对于中小微商来说是非常苦恼的。

流量将何去何从？

回归线下。

微商玩转线下三部曲：地推、会销、实体。

地推：当下获取精准客户最快最有效的方法之一，在线下摆个摊位，吸引用户体验产品就能找到精准流量，并且有利于品牌的宣传推广。当然你的产品要适合做地推才行，用户在体验的过程中会了解产品的优势，然后形成购买和口碑，后续你把粉丝沉淀到线上进行跟踪维护，再发展成代理商。

会销：2017 年，微商线下会销越来越频繁，重回传统培训时代，很多传统培训老师开始进入微商培训了。为什么会销会这么火呢？因为线下有信任基础，可以见到人和产品，经过专业讲师的气氛烘托，成交率直线上升。2016 年，很多大型品牌做一场会销下来就能收几千万甚至过亿，这样效率一下就提升了几十倍。当然对于中小微商来说，可能并不适合进行大型会销，因为成本较高，一场会议下来高的几百万，少的也要几十万。中小微商品牌适合做线下沙龙会销，每周举办一次本地线下的沙龙会议，让本地代理邀请一些意向客户过来，规模在 50 到 100 人左右，现场讲解微商产品及营销模式，然后达成成交。这种小而美的会议将越来越多，微商从业者可以做好这方面的规划。

实体：自 2015 年起，部分品牌开始做实体微商，但是成效都不大。原因是什么呢？我认为是微商代理缺乏店铺管理能力、营销能力、资金承受能力，且品牌方对代理商的扶持力度不够，故实体微商尚处于探索阶段，有待进一步发展。

3.3.2 重品牌实力

未来微商市场竞争肯定越来越激烈，会有越来越多的微商创业者，甚至大品牌陆续进场。大品牌进入微商势必会给中小微商带来冲击，其凭借强大的资金实力和良好的商誉，可以请明星代言，引流敢烧钱，这些都是中小微商很难做到的。

但这并不意味着中小微商就无计可施，行业市场广阔，不是几十个品牌就能满足的。只要中小微商注重服务质量及产品品质，就可以开拓自己的生存空间。当然，客户在选择品牌时，会更倾向于大品牌。所以未来微商行业会愈发注重品牌实力，有实力的品牌能让大批微商团队跟随，没有实力的品牌就玩小而美的微商模式。

3.3.3 重团队扶持

微商团队最大的两个问题是，微商代理流失率高，存活率低。代理做一段时间后，转而做其他团队的产品，或者卖不出货，生存不下来退出微商市场，这种现象比比皆是。而这一定是因为品牌对团队的扶持力度不够。

品牌方对微商团队的扶持主要体现在以下三个方面。

（1）培训

微商代理刚进入行业时，需要学习一定的营销技巧才能更好地立足于微商市场，团队壮大时后，也需要用培训来稳定团队。微商品牌每个月至少需要办一场线下培训会，2 天 1 夜或 3 天 2 夜，一天通过实战演练培训方法，一天通过实践拓展打造团队凝聚力，这样团队的凝聚力才会更高，流失率才会降至最低。每周线上需要召开两期课程，一节教团队实战方法，提升团队销售、成交、谈判等能力；一节教团队管理方法，负责人跟直属核心代理开管理会，通过管理会给团队设定目标，总结问题，做好计划，稳定团队。这样的培训模式才符合微商的发展需求。

（2）推广

品牌方要尽量支持微商团队做品牌产品的推广，比如百度、腾讯、阿里都霸屏推广，在电视及报纸杂志等传统媒体上宣传品牌形象，推广力度越大越有利于微商团队去开拓市场。代理专注于产品销售、品牌方专注于品牌维护，这样业绩肯定会得到提升。

（3）政策

微商团队的快速发展离不开一个好的制度，品牌方的制度跟团队业绩直接挂钩。在奖励政策上，公司要舍得分，宁愿让代理多赚一点，毕竟代理是走在前线为品牌打市场的。代理政策要合理化，利润要最大化，奖励要透明化，制度要人性化，这样的品牌才会受到微商团队的欢迎。如每个月带代理出去度假，每个季度颁发业绩大奖，帮助代理引流等。强大的利益才是支撑微商快速稳定发展的基础。

3.3.4　运作正规化

如今大众对微商的认知度越来越高，微商市场也越来越规范。从工商局对“云在指尖”的打压，到各大媒体对微商的正面报道，再到政府开始出台一些微商法律法规等，可以看出各界人士对微商的认可度也越来越高。工商局税务部门也开始管理微商行业了，这对整个微商行业来说是件好事。

所以，微商团队的运作也日趋规范化。之前可能很多团队就是在家工作，在家发货、谈客户；未来很多微商团队将以工作室及公司的形式运作，和代理之间的关系也会越来越紧密，比如给代理买社保，让合伙人成为公司的股东等。此外，依法纳税也需要微商从业者重点关注。

3.3.5 产品多样化

微商区别于传统电商的一个主要特征就是产品的多样化，随着行业的快速发展，进入的商品品类将越来越多。2016 年，微商圈火热的产品有：内衣、足贴、防臭袜、减肥、私户、洗衣片、洗护、漱口水等；2017 年，微商圈火热的品类更多、更丰富，比如口腔护理类、针织类、日化类产品等。

3.3.6 个人品牌化

移动互联网时代人人皆品牌，每个人都是一个独特的个体，要提升竞争力必须要找到自身的优势，然后把这个优势放大。微商从业者要想提升竞争力，必须打造个人品牌，不要简简单单做一个卖产品的人，更要做一个卖个人品牌的微商。我跟很多微商分享过，要学会卖故事卖情怀。因为故事才是有温度的，要找到属于自己的个性标签。当微商建立起专业、强大的个人品牌，卖任何产品都是赚钱的，这才是竞争力。

3.3.7 管理系统化

团队管理一直是微商的痛点，小团队通过一个社群就可以管理，但发展到一定阶段后，凭个人力量很难有效管理所有成员。你不知道每个代理的库存、业绩、出货率，以及产品是否卖到终端，这些都需要利用系统来完善，通过一个强大的团队管理系统，能够规避很多人工管理的缺陷。

3.3.8　技能专业化

微商从业者在 2016 年已经突破了两千万，未来将有更多人进入这个行业。毕竟，微商是当下最适合草根阶层的创业方式。年轻的创业者想开实体店，但没钱没经验，而做电商门槛越来越高利润越来越低，所以只能做微商了。更关键的是，微商符合轻创业者的需求，工作时间自由。但更多的人进入微商行业，也意味竞争会越来越激烈。那么，微商从业者的专业技能就要相应提高。

很多微商可能从来没有做过销售，不知道怎么去谈客户、销售产品、塑造价值、挖掘客户需求，也从来没有带过团队，不具备领袖的素质。但现在，你需要提升自己的销售能力，可以加入一些收费社群、多买一些微商书籍去学习，多参加线下的培训课程、走出去了解微商动态等。具备专业化技能的微商才具备竞争力，才能在行业立足。

3.4　传销、直销和微商的区别

社会上有很多对传销、直销和微商的解释，颇有一些解释艰深难懂，甚至是误传。包括很多媒体和媒体人，在报道一些事实的时候，存在不合理的解释，添油加醋误导大众。

3.4.1　入门费问题

传销和直销都需要入门费，绝大多数微商也需要。但是，三者仍有较大差别。

①传销需要较大数额的入门费，没有实质性产品，或者产品价值与价格严重不符。在交易过程中，对方不会让代理留下任何的证据。代理用入门费换取的产品，不可能再转手卖出去。

②直销需要较大数额入门费，有成系列的产品。代理入门时必须全价购买，所以价格比较高；交入门费后取得的产品，可以卖，但往往要偷偷折价处理，全价基本卖不出去。代理发展的下线，是从公司进货，公司给代理提成。

③微商的入门费比较少。代理入门时，按照不同的级别对应不同的价格进货；交了这笔钱，微商团队除了产品之外，还会给代理一个授权，证明代理可以销售这些产品。因为微商是最忌讳乱价的，所以代理是以较低的价格买进货，再以市场价销售出去。你招的代理直接找你拿货，你赚差价。

从营销策略来讲，让用户付费，可以筛选精准的客户，这是无可厚非的；对于从业者，要创业有投入这也是天经地义的事情。但是要具体问题具体分析，不要为了“发财梦”去冒险，需要投资的一定要仔细考察，量力而行。销售离不开三个要素：产品、客户、营销。产品是否适销对路？代理能否融进客户的圈子？营销方式是否有效？

微商属于大众，但产品选择错误，一切努力都白费！

3.4.2 发展下线问题

传销、直销、微商都需要发展下线。但是，仍有不同之处。

传销：介绍人进来有奖励，另外你需要布局几条线，这几条线要均衡发展，累计业绩越大，才有可能“赚大钱”。他们往往以国家项目、资本运作、高新科技等做幌子，误读国家政策给客户洗脑，灌输发财、改变家族命运等思想，不存在卖产品一说。目的只有一个，就是让你不断拉人进来。

直销：介绍人进来有奖励。直销一般实行双轨制，要发展两条线，每条线可以拿 3 至 9 层的业绩提成（返利），两条线累计的业绩会给你很高的提成和奖励。直销会卖产品，而且产品质量往往不错，但价格贵比较难卖，销售产品的收入远不如发展下线的收入。

微商：介绍人进来直接成为你的分销商，相当于多一个人帮你卖产品，你直接从中赚取差价，不会根据代理业绩累计提成。这不同于传销和直销的多级返利返现的多级分销（金字塔模式），更像是传统省代、市代、地区代理、终端零售店这样的传统营销渠道模式。

传销赚钱的基础来自骗人的数量，只能靠拉人头赚钱；直销是法律允许的合理传销，主要靠人脉赚钱，必须发展下线；微商是零售与发展代理并重，零售利润高，但销量一般比较小，发展代理利润比较低，但销量较高。所以，微商拉人头的嫌疑比较小。这也是 2015 年微商大洗牌那段时间，主要靠发展代理来盈利的微商大多做不下去了，做零售的微商却活得很滋润的原因所在。但微商也要警惕那些没有真本事，鼓励你大量囤货的品牌商或上级代理。

3.4.3　囤货问题

传销：不存在囤货一说，但他们会给你压力让你拼命去发展下线，如果下线发展不起来，你投入的钱就打了水漂，无法回收。传销卖的是发财梦。

直销：不存在囤货的问题，因为你发展的下线是由直销平台发货。但有一个比囤货更严重的问题，那就是你有业绩压力，而且每年还需要“重销”或“复销”。即公司规定每个级别的代理商每年必须消费多少钱的货，如果达不到，会有处罚措施或者取消奖励。你发展的下线不从你这里拿货，那么自己入门的时候买的货、每年重销的货、为了达到指定业绩自己偷偷买的货，只能自己消化。所以，很多人赚了点钱，都换成了一堆货，然后偷偷半价销售，或者根本卖不出去。

微商：一般是囤货自己卖。零售以及发展的代理，都是从自己这里拿货，可以很好地消化你自己的库存。微商行业囤货的负面来自哪里呢？主要是上级代理或者不良厂商鼓励代理大量囤货，甚至自己找买手或小号去买自己代理的货给代理信心，然后鼓励代理拿出更多钱升到更高级别，等代理升级后囤了大量的货卖不出去，厂家却不管了。

对于各种囤货行为，需要具体分析。大肆囤货的风险是极高的，如果不确定产品的市场需求，或对自己的销售能力过分乐观，产品有烂在仓库里的风险，或者只能折价清仓。

第4章　微商经济解读

4.1　微商的三点攻略

4.1.1　微商的痛点

企业几乎都会面临这样的窘境，在一个行业里如果不发声，不出来说点什么，大家就以为该企业可能倒闭了；但如果持续发声，大家会觉得不够务实、高调、喜欢炒作。微商企业也是如此。此前，由于受到央视的“特殊待遇”，微商界一片哀号，无数微商企业元气大伤，一蹶不振。很多人发出了“微商已死”的叹惋。微商真的死了吗？其实，微商才刚刚步入正轨。微商行业的“洗牌”能否解决微商们的痛点？解决这个问题，首先得分析一下微商的痛点是什么，很难招代理、产品没有卖点，还是缺乏销售技巧？

痛点一：很难招代理。如果你纠结于招代理的问题，说明还是把微商当作直销来经营。微商是一个去中心化的商业形态，多招代理虽然可以铺货，快速打开市场，但从长远来看，只会增加中间环节，增加信息的不对称，所以它不是微商真正的痛点。

痛点二：产品没有核心卖点。这也不算是微商真正的痛点。对于大多数商家来说，产品同质化是一种常态。如化妆品、面膜这类针对女性消费群体的快消品能在朋友圈大行其道，反而不利于微商行业的发展。高频、高毛利、低成本的产品一旦红利期过去，便会归于沉寂，取而代之的是生活刚需产品、常规化的标准产品。所以从这一点来看，没有核心卖点也不算是微商的痛点。

痛点三：传播。谈到传播，就不得不提一下暴力刷屏的事，除了暴力刷屏，就没有别的办法吗？显然不是。除了朋友圈还有微信的广点通，还有QQ空间、微博、陌陌等社交工具，只是不熟悉这些社交软件的人无法与各平台上的人建立关系，无法找到产品的用户群。微商企业可以借助一些垂直自媒体，投放广告。微商品牌的传播需要精耕细作。但这也不是微商的痛点。

在我看来微商的真正痛点在于：货卖不出去。有货源，有代理，有传播渠道，为什么产品还是卖不出去？

微商已经告别了暴力刷屏、囤货和金字塔代理的时代。随着平台微商的兴起，微商已经从一个社交关系平台转变成消费平台，从最开始朋友圈的C2C，变成了现在的B2C2C、F2C。这种模式增加了用户的购买渠道，提升了平台的交易流水，提高了用户的黏度，它使"人人皆为销售员"成为可能。

平台微商满足以下三个条件后，才能提升产品的销量。

第一，有好货。所谓有好货就是要有好的产品。微商归根结底是一个买卖交易平台，不以优质产品为基础的交易行为都是耍流氓。好产品不一定是非标品，但一定是质量好、卖点比较清晰的产品，有差异化才有竞争力。

第二，要做到达人向能人升级。微商是自零售的过程，但最终能够生存下来的是通过培训提升成"达人零售"，或者"能人零售"的群体。

在分销模式下，商家完成供货以及物流环节。零售的门槛降低，每个人都是销售员。达人是在垂直领域具备话语权和影响力的人，比如微博达人以及社群微商，其通过自身的影响力去影响粉丝，达成跟风购买；能人可能没有达人那么大的影响力，但掌握着专业的销售技巧以及销售培训技能，能够提供专业领域的购买建议。

第三，超强的商品运营能力。商品运营能力不仅体现在产品上，更体现在对数据的分析和判断上。商品运营就一个要点——吸引人。能吸引人，访问深度、转化率、客单价都会随之提升。

微商企业要想在移动电商或主流电商中占据一席之地，虽非一朝一夕之事，但像当初的京东、聚美优品一样借助某个品类弯道超车，是完全有可能的。

微商，近些年提到这两个字都会让人产生一种抗拒心理。很多人觉得做微商能够一夜暴富，结果发现没有自己想象中那样暴利，就开始诋毁微商。同样的情况也发生在其他领域，比如共享单车。人们看到了盈利点就一窝蜂地扑了上去，于是，共享电动车、共享汽车，甚至共享充电宝、共享雨伞接踵而至。

4.1.2　微商的亮点

微商之所以能够发展到如今的规模，概因行业门槛较低。只要有手机，愿意去分享，就可以做生意。你走到哪里，生意就在哪里，不受时间和空间的约束。

（1）门槛低

我认识的很多微商，尤其是早期微商，当初只是抱着试试的心态，投入几百上千元，拿了一些货去卖，很多都是兼职的。没想到，他们正好赶上了微商这一趟快车，赚取了人生的第一桶金。与做淘宝店相比，微商创业更加简单、自由。微商代理不用每天盯着电脑，只要一部智能手机就能解决所有问题，没有错过订单的顾虑……

我身边就有几位是做微商的，有什么聚会他们准到场，不会因为怕丢单走不开就要在家里蹲。不过他们有一点跟大多数微商不一样，他们是做一件代发的，从不去批发商品，都是在金元宝微店一件代发频道代销商品。“一件代发”模式下，商品由品牌商提供，微商代理不用付出任何资金成本、不用承担库存压力，只要售出商品就有收入。这种情况下，他们一个月能收入五六千元。

（2）易上手

很多人想创业，但一是没有资金，二是没有经验。而微商相对其他行业来说，是一个较易上手的行业，只要你会玩手机、会聊天，基本就可以做微商。微商行业刚兴起时，会刷屏的人都赚到钱了，就是上家提供文字和图片，你复制到朋友圈，每天刷屏。现在行业竞争激烈，更考验从业者的专业度，但相对于其他行业，还是比较简单、容易的。

（3）市场大

微商的商业模式很简单，就是分享。在没有微信之前，我们也做过微商，只是形式不一样。比如，我们在某家餐厅用餐后觉得味道不错，告诉身边的朋友，朋友经过推荐也去了那家餐厅，这其实也是微商模式。全球所有的微信用户都是微商潜在的客户。现在微商从业人员才千万，还有很大的增长空间。选择比努力重要。未来微商不只是卖产品，而是会渗透到各行各业，以各种形式出现。

（4）发展快

“微商一年，电商三年，线下十年。”这说的就是微商发展速度惊人。微商只用一年时间就实现了几千亿的销售额，而这个数据淘宝用了近 10 年，可想而知微商的发展速度有多快。移动电商是近几年最为热门、被人非常看好的一个行业。微商是移动互联网和电商的结合体，前景非常诱人。在一个快速发展的行业创业，成功概率非常高。只要你选择正确的产品，很快就能实现自己的财富梦想。

（5）去中心化

人人都是一个中心，人人都是一个品牌，人人都可以开店。微商看似卖的是产品，其实更多是在经营个人品牌。比如，你用了一款面膜后皮肤变得水润，气色更好，你将之分享到朋友圈。朋友们看到你的变化后，也会产生兴趣。即使你用的产品不是知名品牌，她们也愿意尝试，这是因为她们更相信你。所以，每个个体微商都是一个自品牌，在朋友圈营销，更需要注重产品的品质、功效。一旦所推荐的产品弄虚作假，将直接影响自己的口碑和声誉。

4.1.3　微商的爆发点

从个人微商到团队微商，从无品牌产品到品牌微商，从无组织到社群，不管是在模式、产品上，还是在营销上，微商行业都发生了翻天覆地的变化，变得更加规范和专业。2018 年，微商又进行了一场变革。不管是个人微商，还是传统企业、传统电商，都要去适应这场变化。

（1）微商创业者的爆发

每天都有很多人加入微商这个行列，选择通过微商来创业。

（2）微商客户的爆发

微商的客户在哪里？一个人只要是微信用户，他就有机会成为你的客户。现在在微信上买东西的人越来越多，人们越来越接受这种购物方式。随着支付越来越方便和微商越来越规范，相信微信购物会成为一种主流，其主要有以下特点：

①购物方便。很显然，在微信上买东西要比在淘宝等其他电商上方便很多，不用东挑西选，看中之后直接付款。

②随心购物。无聊的时候翻阅朋友圈，突然看到一个好友分享的东西不错，自己正好也有这个需求，就把它给买了。

③情感支持。看到朋友新推出一款产品，自己也有需要，如水果，反正平时也要吃，并且他家的水果又很正宗，价格也很公道，关键他还是自己的朋友，不支持他支持谁？很多人出于这种因素购买，当他体验了之后，发现微信购物真不错，就慢慢爱上了。

“站在风口上，猪也能飞起来。”这句话出自小米手机创始人雷军之口。互联网行业掀起了一股粉丝经济潮，移动互联网成为新的风口，那么猪真的能飞起来吗？当然，总是有很大一部分人属于一直在养猪，但从未找到风口的。但历史的车轮滚滚向前，一个新时代正逐渐揭开序幕，人力无可阻挡。

在信息时代来临后，互联网人士在知识爆炸中敛取财富，并对传统行业经营者的思维嗤之以鼻。然而，当微商随着企鹅帝国的野心蓬勃发展一发不可收拾后，一些资深互联网行业人士就如他们所鄙夷的死脑筋一样，看不见、看不起、看不懂、跟不上形势。

微商不同于传统电商，聚合平台的创业成本越来越高，而微商并不需要太高的技术门槛。在这个行业，每个人都有一定的商业推广能力。作为一种商业形态，微商已经确立其在中国市场经济中令人不可忽视的地位。

（3）曲线发展的微商

对于微商的营销模式及发展态势，中国商界一直莫衷一是、褒贬不一。然而即使如此，微商成为移动电商的重要组成部分的事实仍无人可以忽视。初期扩张的疯狂逐渐消散，微商正开始回归理性，步入正轨。不同于过往朋友圈中真真假假的各种安利式的营销，现在的微商群体着眼于真实的商品需求和供给。而随着国家政策的完善和信用体系的建设，微商必将迈入新的快速发展轨道。

（4）微商的核心

对于目前的微商体系，可以划分为三个支撑点：人、真实、简单。

人是微商赖以生存的土壤。微商由人而来，关注的是人的欲求和愿望。作为信用时代的微商，需要发掘并重视任何一个细小的愿望，在生活的缝隙中探寻隐藏的价值。

“真实”是市场经济最本质的东西，供需关系是每个商业模式最需要关注和把握之处。需求永远是风云诡谲的市场中不变的真实。微商作为新的商业渠道，需要在真实的需求中把握机遇，创造属于自己的未来。

简单是微商的骨架：简单的理念、简单的架构、简单的情感。微商的发展离不开其简单的商业模式，任何人的念头和愿望都能产生商机。

（5）微商的自成长趋势

①团队规模化。微商起源于个人，发散于朋友圈，但由于模式简单，又乱于朋友圈。由于微商群体的良莠不齐，且产品同质化现象十分严重，

单打独斗的微商正逐渐为规模化团队所取代，从 C2C 模式变为 B2B 模式的微商越来越多。当然，规模化的背后也可能是一种陷阱，其实目前大多数微商并没有跳出聚合平台的交易模式。

②用户社群化。归根到底，微商植根于微信平台，从本质上来讲是一种信用经济。微商在 B2C 和 C2C 的同时进行资源置换和口碑传播。从渠道的来源来看，“小而美”的社群是真实微商的流量入口。自然，这样的社群让商品在拓展上变得很狭窄，让社群产生裂变式传播打开流量入口，成为微商营销的关键点。

③渠道立体化。商业渠道的结构总有一定定势。微商从兴起时的无规则到逐渐的规则化，不可避免地向专业化、立体化的形式发展。而渠道的立体化，能够有效梳理朋友圈营销中的层层代理、层层压货现象。

④技术规范化。微商的崛起虽然很大程度上得益于其便捷的营销渠道，但这种粗放式经营已不适合目前微商的发展趋势，社会化分销平台将不可阻挡地成为微商的新舞台。技术规范的专业平台，可以解决目前微商无序发展的困境。但由于自主开发平台的成本和营销推广的成本较高，对于自然产生的个体微商来讲门槛较高，因此与专业平台合作是一个不错的选择。

⑤产品多元化。产品多元化是微商的显著特点。尽管现在很多意见领袖在强调“产品人格化”，但是真正做到这一点的还是极少数。对于自己不了解或不认同的产品，很难以自己的人格去背书，可以预见，未来的微商达人、买手将会越来越多。

⑥营销媒体化。基于社交圈产生的微商，其本质是信任交易。微商没有改变传统电商交易的本质，其独树一帜的是营销手段。传统电商是直接买卖，以需求带动购买，而微商是先有理念和认知再有需求和购买，因此更容易取得用户沉淀。从这个道理来讲，所谓情怀、故事、归属感，归根到底都是微商营销的手段，而微商媒体化是成本最少的营销方式。因此，在微商运营中运用媒体的思维和手段，值得一试。

⑦运作资本化。资本化是所有商业渠道的最终选择。虽然目前的微商

群体处于转型期，还没有形成真正的规模效应，但资本如闻到血腥的鲨鱼一般涌入微商领域是不可忽视的事实。而从长远发展来看，将资本引入微商运营，是微商发展的必经之路。

⑧政策柔性化。李克强总理在两会答记者问时，表现出了国家对电子商务的宽容态度。微商作为一种新型的商业体带动了千万人就业，我们有理由相信微商会迎来大发展。与此相对，作为微信母体的腾讯也非常看好微商，对于暴力营销的规制及微商售后、维权等配套手段正逐渐上线。

（6）更多的创业机会

微商的崛起势必会带动电子商务进入一个新时代，同时也带来了很多的创业契机。

①培训市场崛起。目前微商仍是商业中最前沿的领域，对于微商营销的理论和学术认知仍没有统一的标准。对于微商技能的培训市场还是一片蓝海。可以预见的是，随着微商成功的神话越来越多，微商培训市场将迅速崛起。

②渠道价值放大。正如前文提到的，营销渠道是微商发展的关键要素之一，渠道的价值将越来越高。

③ O2O 市场爆发。做好 O2O 市场的关键是脚踏实地，我们有理由相信具有无可比拟的灵活性的微商能够借用各种附加功能将 O2O 落地。

④后端营销。客流成本的不断增高是传统电商的软肋之一。微商作为电商界的一股清流，其后端营销将会迅速凸显出其重要之处。“追销”与“客户终生价值”将普遍成为微商群体所追逐的重要概念。

⑤自明星品牌。微商的发展离不开自身品牌的树立与壮大。就如微博一样，从自媒体到自明星，粉丝经济将迎来爆发式增长。

在未来，随着社交网络的持续扩展和“编织”，社交电商可能成为下一个风口，市场规模将突破万亿。微商作为其中的领跑者，将会交出更加漂亮的成绩单。

4.2　微商的多种特性

4.2.1　微商是基于信任产生的交易

微商是一种建立在移动社交或社会化媒体之上的，由基于朋友关系的信任主导的营销。一旦买卖双方建立起信任的纽带，这种营销就会毫不费力地达成。

微商的朋友圈是由熟人关系链构成的小众、私密的圈子。由于微商C2C 模式的需求以及中国人的人情交流方式，此时的朋友圈在熟人的基础上出现了一些“相识的人”（如朋友的朋友、亲戚的亲戚、邻居、同乡、一面之缘等，关系强度较弱的人）的身影，以及以买卖为目的陌生人。

（1）信任的两种模式

①“内圈人”的信任。中国式信任是内外有别的特殊主义信任。受中国文化的影响，中国式信任结构的特殊性在于中国特定的家族主义价值观和行为方式。或者说，特殊主义的具体表现是与家族主义相关联的。对于家族或家族化成员，即“内圈人”，表现出极高的信任，而对于非家族化成员（外人）则呈现出很低的信任或不信任。这种基于家族主义价值观之上的特殊主义信任，我们称之为家族主义信任，即“内圈人”的信任，是一种具有特殊意义的特殊信任原则。

②“外圈人”的信任。在微商与陌生客户这种“非成即败现象”的网络关系里，需要建立二次信任，也就是对产品信任。客户通过一次购买，对微商产生服务信任、产品信任，这样就会建立陌生信任的弱连带关系。这种信任关系建立多次后，微商可以逐步将客户发展成为“内圈人”。

（2）微商信任问题

①产品质量问题。即使满足关系信任模式和熟人信任模式，当产品质

量让客户不满意时，信任仍然会土崩瓦解。因为现代社会里信任存在风险性，一旦经历风险，顽固的血缘、地缘信任也会消失殆尽。如若产品质量不过关，将会导致人们对微商这一模式产生微商不可信的“刻板印象”，会使微商举步维艰，无法再经营下去。我们也将会失去这个符合国人根深蒂固的信任模式的网络消费渠道。

②服务质量问题。因为微商缺少第三方监管机制，导致有问题出现时出现断层现象，客户找不到负责的一方，严重破坏了客户与微商建立起来的信任弱连带关系。交易诚信低、支付安全性差，以及管理体制不完善，都可以归为缺少第三方的监督。客户购买产品时，如果能同淘宝般有支付宝这种第三方介入，在收到货物评价后再进行支付，就能保证支付安全等一系列问题。

（3）微商信任分析

通过以上分析，我们可以得出一个结论，即使微商有别于传统的网络消费购物模式，很大程度上满足了中国特色的差序格局，满足了中国式关系信任模式，也可能因产品质量和服务质量问题导致这种信任破裂。

①信任主体。第一种，“内圈人”。微商的客源主要来自属于该商家的一个信任差序格局。我们对熟人总会发自内心地信任，对于这部分客户的信任是长久关系所建立起来的，轻易割舍不掉，因此有部分客户也就属于该商家差序格局的“内圈人”。他们和该商家存在特殊关系，所以对商品的配送、付款方式不会产生疑问，但是对产品质量还是有要求的。第二种，“外圈人”。因为客户是中国人，由于中国人特有的信任方式，这部分人对该微商的信任高于陌生的淘宝卖家，但是他们不会像“内圈人”那样对微商的产品及服务完全放心。毫无疑问，他们会适度地对产品的配送和售后服务有要求，但又因相识的关系，不会如对待淘宝卖家般完全商业化地对待卖家，会适度地存在一定人情关系。那么客户的这种信任，等同对淘宝卖家的信任，微商需要提高产品质量、客户满意度等来加以巩固。

②产品。产品的质量和信息是网络交易的根本和基础。我们都知道，在朋友圈购物与实体店最明显的区别是，客户不能实际感知到产品的质量，只能从微商提供的信息中得知此产品的属性。如果微商提供的产品信息与客户购买后的产品信息严重不符，不仅会损害客户的权益，严重者还会破坏微商的现实生活里的信任差序格局。因产品质量原因破坏了原有的信任格局，客户会将该微商从“内圈”排除到“外圈”，等等。

③客户满意度。客户对某款产品越满意，越容易对产品的提供者产生信任。因此，提供优良的产品和服务能够提升客户的满意度，并产生重复消费的现象。比如，提供更加完善的售后服务，提高产品的性价比，缩短产品配送时间等。在几个方面让“外圈”客户满意，那么基于中国的人情和关系交往模式，他们肯定会产生二次消费。

在我的朋友圈里有这样一些人，他们卖零食、玩具或鞋子，每天频繁地发布产品的图片，让人很厌烦。

我问一个卖鞋的微商：“你每天刷屏，有成交吗？”

她说：“暂时没有。”

我说：“如果是我也不会买，原因主要有几点。第一，感觉你的产品是假货；第二，没有感情，没有互动；第三，客户不了解你的情况，无法产生信任，所以不会买你卖的鞋。”

她很激动地说：“我的产品质量很好，是从杭州工厂拿的货，每一双新品自己都会试穿，觉得不错的才会推荐给大家。”

但是这些信息在她的朋友圈中并没有体现，这是一个很大的失误。

让客户对你产生信任和好感，包括以下几种方法：

第一，把最真实的一面呈现给大家。所谓的建立信任感，前提是让微信好友更多地了解你。你可以将自己的个人照片设置成微信头像，微信昵称使用真实姓名。

你发布的朋友圈消息，应尽可能展现自己专业、真实的一面，多分享日常生活点滴、行业最新资讯，及产品相关信息等。比如，在朋友圈中分享进货渠道、产品加工过程，当客户慢慢对你产生兴趣和信任后，才会产生交易。

第二，真心对待每位新朋友，多与他们交流。没有交流的朋友不算是有价值的朋友。凡是愿意和你交流、沟通的人，都有机会成为你的好朋友，有机会和你合作，所以不要放过每个和你聊天的朋友。

第三，定时分享干货，让客户觉得关注你有价值。你既然想通过微信打造个人品牌，打造粉丝圈，就要在某个方面有一定的特长或优势。比如，化妆、健身、旅行、园艺、古玩等，定时与大家分享你的观点和干货。

一般关注你的人，都是因为你具备某种优点。分享是一种美德，让你的朋友知道关注你可以学到一些东西，觉得有价值，这样他才会持续关注你。

第四，帮助你的朋友，与人方便就是与已方便。其实，每个人都会感激曾经帮助过他的人。在微信上，也可以帮人。比如你觉得某个人不错，或者他所从事的行业不错，你可以在你的微信上帮他宣传；如他的产品你正好有需求，就可以用实际行动来支持他（这个效果是最好的）；如他需要招人，你可以在微信上代他招人等。不管是哪种方式，都是对他的一种支持和帮助。

在这个方面，我深有体会，我帮助过一些人，也有些人帮助过我。从那以后看到他的微信倍感亲切，虽然我们可能从未见面，却像认识了很久的朋友。如果你对某个人伸出援手，我相信他一定会记住你。当你有以上需求的时候，我想他应该不会拒绝你的。当然，我相信他以后肯定是你的好朋友。

综上所述，其实就是先建立微信社交的信任感，再去卖货和营销。只是，建立信任不是一朝一夕的事情，从业者需要有持之以恒的精神。

4.4.2　微商——互联网里的便利小店

现如今，购物是一件很便捷的事情，只要一部手机足矣。经济的高速发展提高了人们的生活水平，越来越多的人需要高质量的产品。有需求就会有市场，微信的广泛普及成就了名为“微商”的人群。他们通过微信为大家带来各种各样的商品。国内的、国外的，只要你想得到的，没有他们买不到的。

近期，中国亿报告网发布了一组数据，如下图所示：

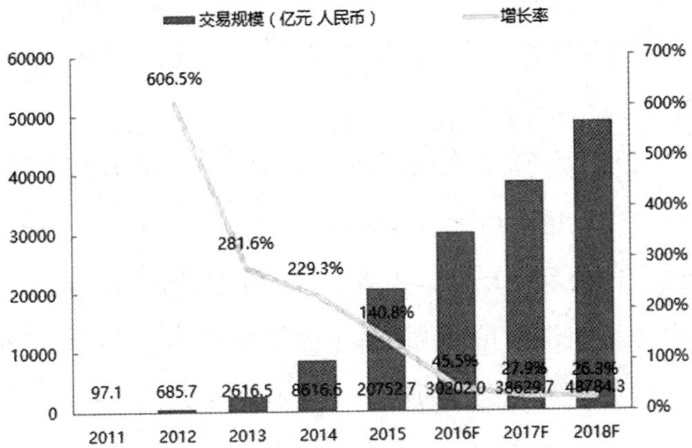

图 4–1　2016—2018 年中国移动网购市场交易规模预测

移动网购方面预测数据显示，2018 年中国移动网购市场规模将达到 38629.7 亿元人民币，增长 27.9%，其在网上零售市场中的占比将达到 68%。移动端的重要性已超越 PC 端，成为网络零售市场中最重要的入口。

表4–1　网络零售市场关键影响因素分析

促进因素	2015年	2016年	2017年	2018年
制造商触网力度的提升	较高	中等	中等	比较低
居民收入水平的提升	低	低	中等	中等
消费升级	中等	中等	比较高	比较高

来源：易观智库 2016

促进因素	促进因素分析
网民红利逐渐消失	近年来，网络零售业的发展将更多依赖于消费能力提升，居民收入水平提升和消费升级。但目前我国经济增长已进入中低速阶段，居民收入水平的提升相对缓慢，且需要较长时间的发展，对网络零售的推动力较小。
制造商触网力度的提升	制造商触网力度的提升，是另一个主要推动力。目前知名品牌在线上渠道选择方面仍较为谨慎，未来触网力度必然进一步增强，发展空间依然可观。

从数据中我们可以看出，移动网购已经成为一种趋势，线下零售业正在发生一场变革。我们分析促进这种变化的两种主要力量，第一种是消费者需求变化，即消费升级；第二种是技术变化，即技术升级。

（1）消费者需求变化

随着互联网继续发展，国民财富增长，消费者已经不再追求“还可以”“物美价廉”“凑合用”的一些无法匹配自己生活品质的产品，而是追求更加有品质和带给自己便利的产品。我举个自己生活中的真实例子。有一天，我到公司后员工悄悄告诉我，我的裤子裆部扯开了。我顿时尴尬不已，当即告诉自己，以后宁愿买更贵的裤子，也不买这些看起来好看但是质量差的裤子。

（2）技术变化

以前线下零售不发达很重要的原因是，一家小店的盈利范围仅限自己周边，但是当移动支付兴起后，小店不仅和自己地理位置周围的客户做生意，还要和互联网世界里的客户做生意。在大街上，卖煎饼的摊主如果不带微信、支付宝二维码，这一天的收入可能降低三分之一。移动支付已经让人们习惯于出门不带现金，这就是技术变化在改变线下零售。

消费观念在升级同时，消费者的时间也变得越来越宝贵。人们在淘宝购物，动不动就要问卖家，“快递几天到达？”所以更加高效的送货上门服务，很容易成为客户的第一选择。

微商做的就是“小而美，在身边”的生意，客户主要来源于自己的朋友圈、社交圈、交际圈。微商可以更加便利、精确地实现客户的产品体验需求，这是优势之一，就是快速达。此外，线下零售很容易降低消费者的选择成本。像淘宝这些大平台的产品太杂，会给消费者带来选择困难。微商一般降低了消费者的选择成本，让消费者把自己的需求集中在少数最好的商品上，也让这些产品的规模增加，生产成本降低，同时存货管理的成本也降低。这是微商的优势之二。

这里建议广大微商，尽量选择一些身边人的痛点产品，然后卖痛点。在推广时，可以做这样一个会员模式，就是买了我的产品还推荐更多的客户，在二次消费时可以享受更高的折扣。

4.4.3　传播与发展

微商这种渠道模式为什么会发展这么快？

我们首先分析微商模式与传统模式的区别。

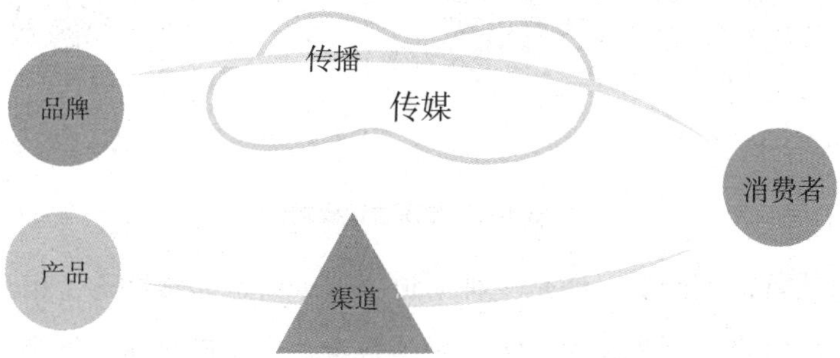

图 4–2　传统营销模式

上图是传统营销的基本模式。企业通过传媒广告传播产品、品牌，消费者通过线下店、专卖店、商场或超市等渠道来购买产品。

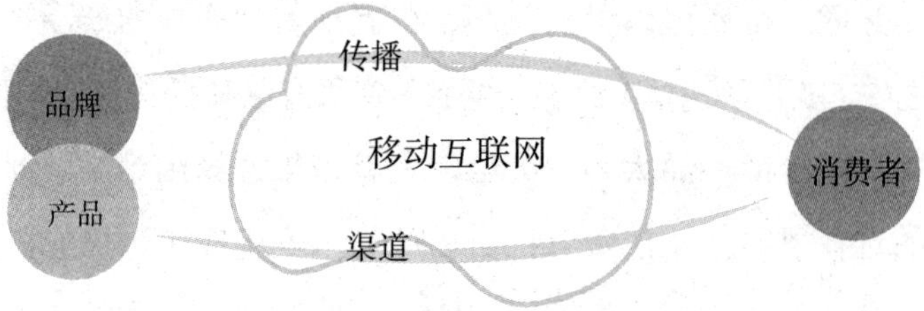

图 4–3　电商营销模式

而互联网诞生以后，随着电商、物流等设施的完善，消费者可以直接通过网络获取品牌和产品的信息，也能通过电子商务物流方便、快捷地收到产品。微商，诞生于移动社交网络，火爆于微信，它又有什么不同呢？

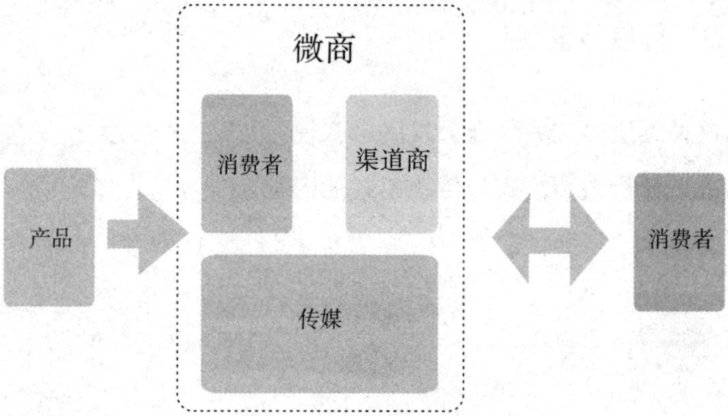

图 4–4　微商营销模式

微商从营销理论讲，即是一种渠道。这个渠道非常特殊，渠道即人，人即渠道。每个人既是渠道商，又是消费者，也是自媒体。每个人就是一个商业实体节点，既可以批发，又可以零售，所有这些就靠一部手机来实现，这极大地提升了商业效率。我们说，任何商业模式如果不能提高商业效率，那么它就不能持续生存。所以说，微商的营销核心是：提高每个节点的社交网络基数，提高每个节点的转化率，提高每个节点的传播能力。

微商在营销中，通常推销多于营销，广告内容多有夸大嫌疑。很多产品在三到六个月内快速火爆市场，随后快速死去，原因主要在于：产品竞争力不够，没有复购率，货都压在渠道里，最终死于乱价。所以，任何时候玩营销都逃不脱经典的 4P 理论。

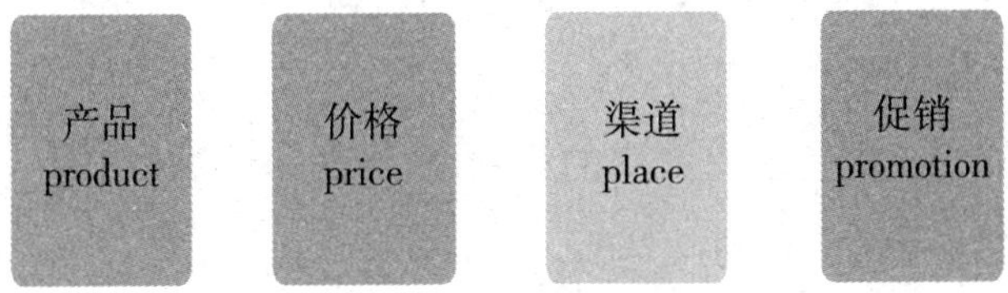

图 4–5　4P 理论

产品是 1，营销是 0。无论是传统渠道、电商还是微商，产品竞争力不够，没有复购率，在任何渠道都无法生存。

传统渠道的问题是效率低下，主要靠铺货到相应渠道抢占重要货架位置，同时以广告抢占消费者心智。而微商这种模式充分利用了社交网络，将其既用作传播渠道，又用作交易渠道，还当成管理工具。一部手机管理上千个分销商和店铺，这是传统企业不可想象的。

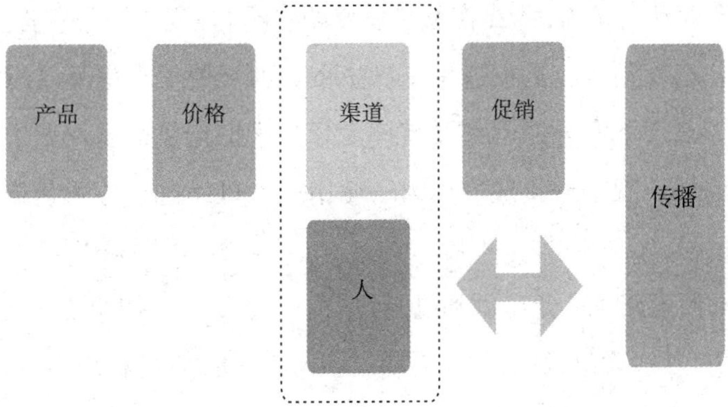

图 4–6　微营销逻辑

这张图是我参考科特勒的经典 4P 理论设计的微营销逻辑图，它不仅适用于微商，也适用于微电商、直营店和分销商等。

从微商行业发展现状来看，多渠道倒逼微商从狂热回归理性，相关政策也不断完善。化妆品品牌微商市场饱和，出现断崖式下滑，因此微商关注度指数从高峰回落。社群微商融合平台微商，形成微商泛中心化体系，平台微商加速人人零售的进程。同时，平台微商或由渠道向生态演变。由渠道延伸的移动社交购物平台将呈现包括商品、社交、终端、平台以及第三方等的多元化生态。

未来，微商会保持现有社交的活跃度，开拓新的社交圈，并与社交平台之间产生更多良性的互动。

4.4.4 微商的转化之道

有这样一种说法：微信一万个好友，相当于新浪微博的一百万粉丝。这种说法有点夸大，但仍然有一定代表性。微博的僵尸粉和无关粉丝很多，而微信的用户却一定是真实的、私密的、有价值的。《创业家》新媒体业务负责人表示：微信关注的是人，人与人之间的交流才是这个平台的价值所在。微信是基于朋友圈的营销，营销的转化率更高。

很多微商新人认为，做微商就是发发朋友圈。发几天广告后若没人咨询，就会抱怨、态度消极，觉得这生意没法做。如果做生意是可以用发广告来解决的，那么天下商人岂不都要笑掉大牙。这也正是很多人无法成为一个好商人的原因。观望—质疑—询问—使用—认可，这是每一个微商新人都要经历的过程。

聪明的微商新人一定会做到以下几点：自己试用，初期朋友圈反馈都是自己的使用心得，现身说法，真实可靠；走出朋友圈，在各种聚会中送给朋友、顾客产品小样，或者邀请朋友来自己家里聊天谈心、谈产品；快速搞定最少两个核心朋友加入自己，通过朋友圈建立团队；勤于发问，在销售过程中遇到任何问题，及时向团队咨询并加强自身专业知识修养；执行力强，可以按照团队的要求做地推、做网络营销增加人脉；有恒心，坚持不懈，简单的事情重复做。没有恒心的人、出现问题只会抱怨的人、三天打鱼两天晒网的人终将碌碌无为或者一事无成。以上六点，微商新人如果能做到，月入过万很轻松。

我们不能否认，高智商、高情商的人更容易取得事业上的成功。这两点可以通过锻炼、学习加以提高。卓越者是少数，大多数创业者，只要踏实肯干也可以收入颇丰，这是黄金法则。当然生活中总有一些眼高手低，还幻想可以一夜暴富的人。其实归根到底，现实与理想往往有着很大的差别。每个人都想成功，也都会尝试去努力，但是有人在没看到效果时就产生消极懈怠的想法。切记，时刻提醒自己，千万不要做一个思维上“勤奋”的“懒惰”人。

第5章　新微商速成指南

5.1　定义“微电商”

互联网让世界变得触手可及，而微信则将生活的各方面链接起来。比如社交、消费，等等。微信本来是个人私密的情感世界，一不小心被经济利益捕获，这也是微商兴起的根源。市场竞争已经不单单是商品的性价比，现在更重要的是经营者的个人魅力。个人品质、信誉度很大程度上决定了你的产品销售量，也就是说你的感情在转变为价值。

微电商是指，在互联网上靠使用“微系统”进行“微营销”的人员。

微营销是指，通过粉丝效应、口碑效应、故事、情感、事件等传播手段进行推广的宣传方法。

微商分为以下三种：

第一种，每天起早贪黑顶着熊猫眼不断加人；用三无产品图片，及软件伪造的发货、收款、催货、反馈的虚假截图在朋友圈狂轰滥炸；招下线（代理），给下线灌鸡汤打鸡血，让下线囤货，并让下线也发展下线（组建团队），不断分支裂变。这只不过是披了马甲把金字塔模式、庞氏骗局带入微信的传销人员。

这种赚钱方法，不是靠把产品销售给真正的消费者进行终端零售，而是层层加价，把货甩给下线，直到最下层那些“最大笨蛋”（可参考“疯狂的郁金香”或者最大笨蛋定律）接手。这时货价已经非常高，没有多大利润，只能自己消化。明明是货物从a代理甩给b代理、再甩给c代理的仓库转移，还美其名曰销量。代表企业有XX神油、XX神皂……

第二种，自己是总代理或企业，自己组建千人或万人的分销、零售团队。分销负责客服、推广和发货。代表企业很多，如微商新锐“喵醉了叫鸭”。

第三种，利用微系统，比如微博、微信、论坛、贴吧和个人网页，提供个人价值，形成个人魅力，聚集粉丝，组建社群，然后售卖任何产品，通常我们称为“粉丝经济”。代表企业有小米手机、罗辑思维、雕爷牛腩、爸爸的果园……这一种是终极模式。

每种模式都有各自的运作方法，每种做好了都盈利，前提是你本身够牛。如果不够牛怎么办？这里有两点忠告：第一，学习，让自己变牛；第二，选择起点低、易操作、空间大的模式。

5.2 微商模式的快速定位

5.2.1 产品定位的两种思路

定位是新人在做微商之前，需要做的一个步骤。定位对于创业者来说最大的好处是，可以明确发展方向。方向性的错误是永远无法在生意场上得到原谅的行为。我们做微商的时候，一定要明白自己是在做事业，而不是简单地做一门生意。微商新人必须锻炼自己的战略能力，而微商定位是对其战略能力的第一次考验。

（1）主体定位

主体定位即对所有微商定位，确定微商企业的所有权。主体包括两种，个人和组织。

个人微商是以个人或者家庭作为主体，其中大多数借助知名品牌产品获得第一次微商起步，待发展到一定阶段后再组建自己的个人品牌。

组织微商主要指企业主体，相对而言具有一定市场优势，但这种优势也意味着巨大的风险。企业接入互联网的任何一个步骤，都必须深思熟虑。不要盲目地建立公众平台、电子商城等一系列互联网热门形式来接入电子商务。

（2）经营模式定位

经营模式是一个团队发展的计划书。一个成功的经营模式可以视为一个团队成功的标志。经营模式的互联网定位主要分为五种：

①粉丝经济型，打造一个具有一定影响力的网红或者明星，借助粉丝对网红的认可，来产生消费行为。

②代理渠道型，现在很多商家开始向互联网电商转型，大量招募产品或渠道的代理人。微商可以通过代理商家的产品，来获得一定的发展基础。

③品牌资源型，品牌资源型与粉丝经济型最大的区别是，粉丝经济是建立了一个网红的经济模式，而品牌资源借助良好的产品优势来建立一个使市场认可的品牌。这是很多成功微商都会选择的模式。

④ O2O 型，简单来说就是我们常见的上门服务。即消费者在网上下单，商家到消费者指定的地点进行服务。这种模式最为成功的就是外卖和滴滴打车。

⑤第三方微店，一种借助互联网平台公司建立的微店平台。这是一种常见的微商模式。最典型的就是京东微店。

换一个思路来看，实际上只要有能力，只要你够牛，无所谓这个产品定位，什么产品都能赚钱。牛人卖袜子能赚钱，卖飞机坦克也能赚钱。也就是说如果没有强大的人际关系，没有雄厚的资本和很好的背景，选择一个好的产品、好的商业模式，更容易获得成功。

我们有理由认为，适合草根创业者的产品必须具有以下两个特点。

第一个特点：产品的受众面要广，即所销售的产品顾客群体越大越好。比如，娃哈哈、宝洁、联合丽华，他们卖的矿泉水、牙膏、洗衣粉、洗发水、化妆品等产品，基本人人都会去买。顾客群体是不是非常巨大？大家都知道，受众广的商品比较好卖。因为任何一个人都可以是你的顾客。而有些产品，比如印度神油，受众面非常窄。它只适合于有性功能障碍、有性生活的并且是中高端男性群体。这个受众面一层一层越来越窄，产品比较特殊，开发客户难度相对较大，已经开发的客户也不容易进行转介绍。其他产品，比如翡翠、佛珠，受众面相对来说也比较窄。

受众面越大，消费群体越大的产品，对销售能力的要求就越低，销售难度也越小，相对来说成功率就会越高。卖馒头比卖汉堡包要容易得多，卖袜子比卖貂皮大衣要容易得多。

第二个特点：产品在短期内要有很高的复购率，即产品一定是可以重复消费、在短期内容易形成二次购买的。在我看来，不管是传统生意还是微商，所有产品无非分为两大类：一锤子买卖型和频繁交易型。比如卖翡翠、佛珠的，这些就是一锤子买卖。成交一次以后不会或者很难形成二次购买。印度神油不管产品质量如何，也是一锤子买卖型。你的产品好了，有那方面功能障碍的人用了一两次之后恢复正常了，就不再需要购买你的神油；假如你的产品质量不好，顾客用了一两次后没有效果，他更是不会再跟你购买。

我们都知道，像食品、面膜，或者矿泉水、牙膏、洗衣粉这些快消品，顾客用完就没有了，还得再买。顾客是长久甚至是一辈子都需要用的。这类产品都属于频繁交易型。

像鞋子、衣服、包包这些不易消耗的产品，是介于一锤子买卖型和频繁交易型两者之间的一个类型。这些产品虽然不是一锤子买卖型，但是要形成二次购买或者更多频次的购买非常困难。一件衣服或者一双鞋子、一个包包可以用很长时间，不容易损耗。而顾客第二次买的时候，也会随着喜好、经济条件等诸多因素，有所改变。比如，顾客今年是个屌丝，喜欢你这几百块钱的衣服鞋子，说不定明年他就逆袭成高富帅了，就看不上几百块的衣服了，或者明年潮流变了，又有更好看更流行更实惠的，他不一定会再来你这里买了。

比如我本人，刚参加工作时，一百块钱的衣服都不舍得买，但是现在只去品牌专卖店买新衣服。很多人都认为利润比较高的产品会非常赚钱，容易做大，其实这是个误区。

以蒙娜丽莎婚纱摄影为例，拍一套婚纱照收费七八千、两三万不等，但其拍照成本很低。这应该算超级暴利了吧？但是它为什么没有康师傅、娃哈哈，或者联合利华、宝洁这些企业赚的钱多呢？因为大多数人一辈子只拍一次婚纱照，但是牙膏、洗衣粉、方便面、矿泉水这些产品，不仅受众面大，而且又是消耗品，复购率很高，人从出生到去世一直都得用。

做零售，如果产品受众面比较窄，开发客户的难度就比较高。如果再是一锤子买卖型，很难重复消费，就得不断开发新客户。但开发新客户又不是一件简单的事。

能够重复消费的产品，后期的销售成本、销售难度几乎为零。你开发的客户只需要维系关系就可以了，他们会为你带来源源不断的收入。但大家需要明白的是：即使你选择了一个受众面比较广，又可以重复消费的产品，它只是会让你赚钱稍微简单一点。受众面广的东西不止你一家在卖，可以重复消费的产品并不代表客户一定要找你重复消费。

5.2.2　抓住机遇明确优势

在激烈的微商市场竞争中，许多商家、企业及个人默默地从竞争的舞台消失，许多新兴企业蓬勃发展，这种新陈代谢促进了社会进步。但是，对于经营者来说，他们都不愿意有朝一日成为这种新陈代谢的牺牲品。因此，创造竞争优势就成为每个商家企业以及个人必须考虑和解决的问题。微商市场竞争的表现多种多样，但最主要的是产品竞争。创造竞争优势最基本的就是创造产品优势，即相对于当前市场同类产品具有新颖、质优、价廉的特点，其中又以产品新颖别致为最优。那么，应如何创造产品优势参与市场竞争呢？

（1）抓住机遇，独辟蹊径，开发或者说编辑与众不同的新产品

当今世界各国市场上的创新产品绝大多数是由中小企业首创的。其原因是中小企业能够将其十分灵活的触角伸向任何一个领域或区域，能在顺境、逆境中都适时有效地自我调整、自我改造、自我发展，其秘诀是什么？用成功企业家的话说是中小企业容易“钻空子”。换句话说，就是便于利用机遇，赶在别人的前头开发出市场迫切需求的新产品。

机遇是一种有利的机会或偶然的事件。有的是被动得到的，称为完全意外的机遇；有的是经过一定的主观努力得到的，称部分意外的机遇。一般地说，机遇对每个企业都有均等的选择机会。它无时不有，无处不在。问题只是在于落在谁的手里。这个企业丧失机遇，有可能其他企业得到机遇。机遇只能捕捉，不能创造。

微商行业的竞争日趋激烈，使得从业者必须善于发现和利用机遇。因为在竞争中的优势总是暂时的，得机遇时取胜，失机遇时就可能失败。有句人人皆知说明时机重要性的俗话：“机不可失，时不再来。”意思是说，机会一错即过，不迅速看准和抓住时机，事后即使再花更大的力气，也难以挽回。所以，从竞争的角度，有利机会的损失是最大的损失。因为市场的状况是由供求关系决定的，随着时间的流逝，供求关系及其他诸因素的变化必然导致这种状况的变化。因此在竞争中，有利的机会往往只出现在某段时间，过早或过晚都会丧失。这就要求经营者必须善于对机遇做出反应。

机遇对于微商的发展从来没有像今天这样重要和富有吸引力。拿破仑说：“有才能的人总是利用一切时机，不肯放过任何可以增加成功的可能性；而比较笨拙的人却往往在拟制大量计划时，由于轻视或忽略良机而输个精光。”这句话道出了成功和失败与机遇的关系。军事是这样，做微商也是这样。可以说，善于发现和利用机遇来开发新的项目或产品，这是当今创业者取胜的必备素质。

那么，怎样才能捉住机遇呢？认识机遇的重要性和作用不难，难的是在实际工作中时时处处留心，寻求机遇。机遇往往光顾那些自强不息、锐

意进取、捕捉有术的人。机遇的形态是多种多样的，捕捉机遇的方法也是多种多样的。要敢于走别人没有走或不敢走的路，独辟蹊径。如上海有家小服装厂专爱“吞”滞销布料，常常全盘购进，然后组织能工巧匠，设计制成独具特色、别致、新颖的服装投放市场，十分畅销。结果，由于独占成本低廉的面料，也就捕捉了一个有利于自己发展的机会。还要见一反三，大胆联想。如江苏无锡有个无线电厂的厂长，从报纸上“森林失火”的消息中联想到森林防火通讯指挥车的需要，于是加紧研制，投产，使企业摆脱了窘境，职工称之为“救命车”。

机遇无时不有，无处不在，但它的稍纵即逝性决定了捕捉和利用机遇必须经过艰苦的努力。那些认为机会是偶然性的，只能指望“天赐”或巧遇的人是很难捉到机遇的。台湾企业管理学家曾松岭说过：“当代成功的企业家的形象只能是蜜蜂，绝不会是蜘蛛。”这是多么生动而恰当的比喻，蜘蛛静候飞虫入网，捕之充饥，自然机会不多。但蜜蜂就不同了，它们为了找花酿蜜，整天四处活动不停。这样的捕食方式，机会显然是不少的。我们如果也像蜜蜂那样，发展新产品的机会肯定不少。

（2）不断改进原有产品

当今世界，科技进步日益迅速，市场竞争日益激烈，产品都面临着生命周期日益缩短的严重挑战。正因如此，世界经济学名著《企业生存的战略》一书把“保持增长和占领市场的唯一方法是尽可能多地提出革新成果”作为头等重要的战略加以表述。

这里的“革新成果”在产品方面有两点革新：一是创造前所未有的全新产品；二是对旧产品进行改进创新。一般来说，全新产品的开发需要较高的费用和较长的时间，市场风险也大，中小企业是不宜过多开发的。然而，对原有产品进行改进创新，则是实践证明能使中小企业在竞争中取胜的重要策略。

所谓对原有产品的改进创新，是指对社会上已有的产品有新颖性和实用性的改进更新，以满足消费者的求新心理。这种创新，以原有产品的技术、材料和工艺为基础，开发时间和费用都大为减少，而且依托原有市场，风险极小，不愧为中小企业成功的头等策略。

那么，从策略上看，应怎样进行原有产品的改进创新呢？这里，有两点成功企业的经验值得参考：

第一，对自己的产品不断创新，适时投入市场。任何产品都有它的生命周期，尽管是名牌产品也不会经久不衰。过去的凤凰牌自行车人见人爱，多年来在自行市场上占领霸主地位。这固然与其是优质名牌有关，但一个企业能否在市场上取得主动权主要取决于它是否能适时地投入新的产品。所谓适时投入，是指自己的产品还未进入衰退期之前，就应研制出替换的新品种。当市场上已出现众多的仿效品，或因顾客的求新心理作用而使原产品销量下降的时候，自己的新品种即及时投入市场从而把顾客吸引过来。圆珠笔经常是供过于求，但上海产的圆珠笔，年年创新，不断开发新的品种使其销售始终保持旺盛的势头。在袖珍计算器的国际市场上，日本的产品占据绝对优势，其主要原因就是厂家绞尽脑汁地不断改变原有产品的功能或花色品种，有效地击退了仿造产品，牢牢地巩固并不断扩大了原有市场。

此外，有些产品在使用方法上进行创新，也能有效击败竞争对手。由氨茶碱制成的治疗哮喘病的“哮喘灵”，是众所周知的患者使用了几十年的常用药。美国一家叫关键的小药品公司，因为当时有多种由氨茶碱制成的哮喘药冲击市场，致使其陷入困境。为了击败对手，它抓住“怎样更有效地发挥这种药的效力”问题进行创新。结果，该公司使“哮喘灵”在血管里的效果延长至 48 个小时之久。由于疗效显著，被美国食品医药管理局授予特别嘉奖。随之而来的是很多国际医药公司巨头与这个小小的药品公司签订了经销合同。“哮喘灵”本是旧药，只是使用方法有了创新而大大地延长疗效而成了新药。结果使这个濒临绝境的公司终于打败竞争对手，重新崛起而跃居行业前列。

第二，对别人的产品进行改进创新。对自己的产品不断创新，潜力毕竟是有限的。随着市场需求变化速度的加快，对别人的产品进行改进创新，是创造产品竞争优势的又一重要策略。日本的松下电器公司之所以由原来的一个小小工厂，发展为当今世界上最大的电器制造商，其原因固然是多方面的，但最值得我们借鉴的是它的一种叫作“追随作风”的策略。所谓追随作风，是指在产品开发业务上，不打算把主要力量放在自己发明新产品上，而是模仿改进别人的产品，设法找出其弱点，加以改进而投放市场。这样的开发策略，既省费用又省时间，很快就能向对手的市场投放物美价廉的同类产品。松下就是这样一步一步地把对手的顾客拉过来，一个一个地把对手打败，而成为当今世界最大的电器大王。江苏的达胜皮鞋厂，原来是一家皮鞋专业户，几年后的年产值接近千万元，成为江苏省最大的皮鞋厂。其主要经验也是努力改进别人的产品。它的创始人肖水根起初常到上海街头专注地盯住过往行人的双脚，不厌其烦地恳求别人让他拍下一张张款式各异的皮鞋照片。后来，他不惜工本，派出几十个信息员分赴全国各大城市搜集皮鞋款式及销售情况。他亲自管理的设计组每天都从邮件里收到上百个皮鞋式样图片，从中取其之长，去其之短，集百家之长于一身，从而设计出多种多样的款式新颖的皮鞋。每年竟推出几十个皮鞋新品种，使“达胜皮鞋”始终走在消费潮流的前头而畅销不衰。

近年来市场上相互仿效的产品很多，在这些仿效他人产品的企业中，失败者居多。其原因多是这些经营者目光短浅，见到某种商品眼下销势较好便一模一样地仿制。当仿制品一哄而上的时候，市场往往是供大于求了，加上法律不允许冒牌货，他们的失败便在所难免。可以说，一模一样地仿制他人产品的企业是注定不会最后成功的。成功者的仿制是改造中的仿制，是“扬弃”，即扬其优点，弃其短处，这是辩证的否定观在经济竞争中的具体运用。在复杂多变的市场竞争中，企业是否具有较强的应变能力，能否善于“见风使舵”在很大程度上决定企业竞争的胜败。

《兵机握要》说：“阵而能变，是谓活机；阵而不变，则为死法。”战略部署能够适应情况而变化，就是灵活的指挥，定能克敌制胜；否则，只能以失败告终。打仗是这样，经营企业也是这样。企业应首先开发与众不同的产品立于有利的地位。当别人已介入生产同种产品后，本企业就应以产品的优秀品质站稳市场，此时对手再多也是无济于事的。当然，在众多产品参与竞争的时候，单有优质而没有好的服务还是不够的。古时有个故事，说的是一个生意人酿造了很好的酒，路过的人闻到扑鼻的酒香都想买点尝试一下。可惜的是酒店门口有只恶狗气势汹汹，行人莫不望而却步，没人敢来光顾，久而久之，好酒便变酸了。这虽是一个简单的故事，却说明服务的重要。

如果别人的产品既质量优秀而且服务也好，本企业就要降低价格，以廉取胜，即通过薄利多销把竞争对手排挤在本产品市场之外。如果别人的产品也以低价大量涌入市场，这说明上述几方面竞争潜力已尽，本企业就要考虑以退为进，抢先一步转入新的领域，开拓新的产品。

至此，需要特别强调的是，企业要做到“见风使舵”就必须建立一个适合本企业特点的阶梯形新产品开发战略，即每年都有几个新产品在进入试制，都有几个新产品在市场试销，都有几个新产品在批量生产，做到“口里吃着一个，眼里看着一个，心里想着一个”。

5.3 微商营销重点

5.3.1 营销技巧分析

很多人都是因为某款心仪的产品或培训课程，才进入微商行业，加入某个团队，选择某个品牌。当客户拿到一款新产品后，一般亲身体验过并且觉得效果不错，才会决定做微商代理。不管是何种心态，只要加入进来就是团队的一分子。但市场上的好产品数不胜数，如何才能让客户选择代理你的产品呢?

（1）对产品的舍得

很多微商都是小级别代理，拿货也没有特别大的优势。当拿到产品后，若只是在朋友圈里叫卖，然后把自己对产品的感觉直接在朋友圈里一一说出来给大家听，我感觉大家未必买账。有句话说得好，有舍才有得。这个时候其实要做的就是舍出去。你先熟悉产品的各种优势和卖点，接下来是干吗呢？以我的经验之谈，不建议大家无偿地送出产品，不能乱送。到底应该怎么送呢？

①把朋友圈里的好友做个标签，点开我们的通讯录，从第一个好友开始点开，里边有设置备注和标签，把你的好友进行归类。

②将好友归类，以你对他们的了解，从中选出有一定影响力者，送出相应的产品，产品必须送对人。但你送产品给别人试用，也需要一个正当的理由。

你可以说："亲爱的好友们，最近我想要开始做微商了，可是却又不知道选择什么样的品牌，这是我其中想代理的一类，自己用着觉得还不错，想请大家再帮忙检测一下，给点建议哦，你是我最值得信任的人，先送套产品让你体验一下，觉得好，得给我做做广告哦。"然后再把你对这个品牌的了解大体说下，体现出你的真诚。当对方觉得你是如此看重他的时候，他一定会给你一个中肯的体验反馈。

③对收到产品的人一一跟踪服务，将对方的体验反馈截屏保留，以备后用。

微商必须舍得送，舍得付出，可以多关注大公司的活动，借助公司的活动，有利自己送出产品，甚至可能不需要自己掏钱。俗话说：舍不得孩子套不住狼。也许就是因为舍去了一小部分产品，才迎来你微商事业的转折。

（2）对人的舍得

微商必须放大自己的格局，我相信大家不只是想做个小代理，天天只去零售产品，这个时候我们必须在人脉上进行攻破。之前我们舍出了一部分产品，收获了一批用户。当你开始做这款产品、一部分人也体验并认可了之后，可以通过这部分人来给你造势。让他们去自己的朋友圈晒体验成果，帮你宣传、吸粉。这时，你要做到不只是一味地加人，必须有所取舍，继续标签。你要时刻去和客户交流沟通，哪些可能只是纯粹的客户，哪些是潜在的代理。

你可以这样说："亲爱的，你那么用心地帮我在朋友圈推广产品，好感动啊，哪能总是我一个人赚呢，这么好的产品市场前景绝对不会错，要不我们成为战友，联手一起来做吧！"相信想做的也不会拒绝你。还有的就是一些所谓的死粉，该删就删了，对他们进行取舍。

（3）对时间的舍得

既然选择做微商，请好好做，付出的程度决定你收获的结果。

有句话说得好，"你把时间花在哪里，你的收获和收入就在哪里。"做销售玩的就是主动出击，绝不可以坐等生意上门，应该立即做的事不给自己任何借口拖延，不能因为对时间的掌控不当而影响了自己的诚信度。只有你自己掌握好对时间的取舍，在恰当的时候做适当的事，也许时间就可以证明一切。

（4）对性格和勇气的舍得

有的小伙伴会说，我想做好微商，可我是一个比较内向的人，平常不怎么爱跟别人交往，不会和陌生人说话。这个时候，你要告诉自己，生命中没有陌生人，只有未曾见面的朋友。只要这样暗示自己，自然勇气也就来了。必须有豁出去的勇气，哪里不行加强哪里，哪里不会补哪里，让自己变得强大起来！而且你的性格也会越来越好，越来越自信，这就是你舍出后得到的。

（5）对面子的舍得

我爱面子，也要面子，害怕被拒绝。哪个人都要面子，可是你要想成功，就得放下所谓的面子。我每次和代理出去推广产品，都会放下所谓的面子，冲在代理的前面，向一个个路过的陌生人推荐我们的产品。

其实当你豁出去面子后，只会让你越做越勇，还会赢来别人对你的尊敬。

面子是什么？面子真的不是自己怕丢就不会丢的。当你有勇气不要面子去对一个陌生人推荐产品然后达成成交后，你就为自己赢得了面子。反之，胆怯、害怕，产品卖不出去，你的面子在哪里？微商代理真的要做到可以在任何时间、任何地点，销售自己的任何产品给任何人。这样成功离你也就不远了，那时候你还会觉得没有面子吗？

俗话说："欲要取之，必先予之。"我们只有在不断的舍出和输出中才能成长。强大自己，让自己的微商之路走得更加长远，更加从容，也走得更加辉煌吧！

5.3.2　营销环境分析

从微信诞生之日起，微信的用户数量就一直快速上涨，目前已超过 9 亿。当下，微信是亚洲用户群最大的即时通信软件，也是一个自媒体，具有比较固定的交流平台及粉丝群体。精准的信息推送、庞大的用户群体、送达率百分之百，这些都是微信独有的特征，也恰恰因为这些独特性才催生了当今的微信营销。

微信用户群体的增长速度非常之快，其趋势非常迅猛。主要的用户群体包括 IT 业从业者、都市白领、在校学生甚至部分农民，以 80 后、90 后居多。用户群体整体呈年轻态，很容易接受微信营销，消费能力比较强。在年龄不断增长的情况下，其消费层次会逐渐提高，所以微信将来的市场会非常庞大。前景良好的消费需求及消费市场，一定会吸引大量商家参与其中并分食这块经济大蛋糕，竞争更是会日益激烈起来。在这种情况下，优胜劣汰是必然，因此，怎样在激烈的竞争中占有一席之地甚至屹立不倒，是所有企业及商家所要思考的重要问题。

微信信息的推送有着较强的精准度及到达率。因为微信群发助手及公众号都能够通过一对一的方式，将相应的消息百分之百地发送到所有关注该公众号的用户那里，所以该信息既不会漏掉也不会被忽视。而且微信的标签功能还能对好友分类，这样就能针对不同的朋友发送针对性更强的消息。不仅能够提高产品完全接受率，更能提高微信营销有效性。和传统的报纸、电视等成本较高的宣传方法比较，微信在精准度及高达率更强的前提下，几乎不花费成本。且人们日益依赖移动设备终端，人们对报纸、电视的关注度越来越低。所以聪明的商家都会采用微信进行营销。可是，如果只是通过手工将公众号关注者及朋友圈的好友进行精准的分类标签，一方面工作量比较大，另一方面也缺乏灵活性。商家很难即时发现相应的客户在偏好方面的变化，更无法对客户兴趣及爱好进行准确的判断，然后进行分类，进而就无法提高微信营销的精准性及预期效果。所以微信营销企业或商家现在亟待思考并解决的重点是，如何对庞大的用户群体进行分类。

在微信应用功能不断强大的基础上，企业和商家在微信营销渠道方面越来越多元化。和其他电商相比，微信可以利用摇一摇、附近的人、扫一扫等多种方式维系并扩大产品的使用群体，而支付功能、小视频功能等也深受企业及用户的欢迎。从这点上看，腾讯也在积极为微信营销努力提供一些便利，肯定并大力支持微信营销，相信也会推出越来越多的有利于微信营销的功能。在微信新功能不断推出的同时，微信部分初始功能也会不断加以改善，比如微信支付功能。据调查显示，大部分用户不愿意绑定具有较大数额的银行卡，认为微信交易环境安全性不高。很多用户也表示自己在微信上只会消费一些小数额的产品。所以，在支付功能方面，企业和商家进行微信营销的时候也要进行深入的考虑和选择，进而选择出一种良好的解决方案，使用户能够放心地进行交易。

目前互联网经济发展迅速，微博、微信等新媒体发展火爆，我们已经从原来的口语与印刷传播时代，步入到全方位的感官传播时代。媒介类型以及信息的传播环境发生了巨大的变化，为营销环境带来了巨大的挑战。为了更好地维护、加深同顾客之间的关系，使行销组织和消费者之间形成双向、互动、持续的良好信息交流模式，以下几点需要注意。

（1）消费者由“大众”转向“分众”

随着新媒体技术的发展，市场竞争的进一步加剧，消费者在购物选择中更加依赖个人的爱好和偏好需求，市场越来越细分化，产品营销进入“微利”时代。市场的越来越细分化要求企业不能再实现漫天撒网式的全面营销策略，“精准营销”观念深入人心。2005 年科特勒在中国营销界的欢迎晚宴上抛出“精准营销”的定义：企业需要更精准、可衡量和高投资回报的营销沟通，需要制定更注重结果和行动的营销传播计划，还有越来越注重对直接销售沟通的投资。“精准营销”要求企业在市场细分时，找准自己的目标消费群体，明白企业的利润是由哪部分消费者所带来的，然后对此实行个性化的精准营销。随着经济、技术的发展与进步，大众营销时代已成为过去。整合营销时代的来临，要求对消费者进行分众的精准化营销，乃至一对一的营销。

（2）渠道：由“单一”转向“混合”

随着电子商务的发展，营销渠道开始由一元走向多元、由简单变得多样。在电子商务背景下出现新的基于电子商务的营销渠道。网络营销渠道是指基于互联网技术的发展，通过网络进行产品或劳务交易的渠道模式。通过网络渠道，生产者可将自己生产的货物转给网络中间商或代理商进行 C2C 的网络直销，可以通过建立自己的门户网站搭建自我电子商务平台或租用他人电子商务平台进行直接的 B2C 网络直销。通过电子商务平台，中间商不必要建立传统的零售地址，网络可以把制造商或零售商直接与最终消费者连接起来，并提供相应的信息或产品服务。因为没有中间商，企业可以直接向消费者销售产品，从而取消了二级价格差和产品在交易过程中所消耗的成本。

（3）信息传播：由“单向”转向“互动”

自 Web 2.0 诞生以来，特别是网络媒体和手机媒体的迅速发展、新媒体的大量出现，都颠覆了传统媒体时代传播者对传播过程及其信息主动权的垄断控制，大量的普通受众从单向被动地接受信息转而涉入信息的生产、加工和传输过程。与以往单向强制灌输广告所造成的紧张关系相比，以web2.0为平台的社会性网络媒体却涌现出大量的商业博客、微博、专题论坛，或专题门户网站。通过这些社会化网络媒体，消费者可以彼此进行信息的互动与分享，商家也可及时通过网络与消费者个体或群体进行互动与沟通。在信息传播的过程中，消费者与企业既是信息的发布者同时也是接受者。平等的沟通方式改变了传统媒体时代企业与消费者的关系。且消费者对企业信息的态度，达到了很好的信息传播与沟通效果。现在，消费者在购买产品或服务之前，习惯通过网络来收集相关信息，特别是已购买过的消费者所发布的对该产品的体验信息，会作为其购买决策的产考依据。线上和线下消费者的口碑成为目前消费者最为信赖的信息来源，而对于传统广告的依赖程度却相对下降。

（4）“注意力经济”转向“联结价值”

随着互联网信息的极大丰富，信息海量化正在导致信息垃圾化，信息的本身价值正在被创造的海量信息的网络本身所消减，信息的有效挖掘才是信息价值得以展现的前提。信息本身已不再稀缺，只是完成了对信息的甄别、加工、提纯。

从海量信息中发现真正的知识，才能带来信息价值的提升。面对互联网所提供的海量信息，单靠轰炸式提供企业信息去吸引受众的注意力，无疑需要付出高昂的成本。相对于传统时代消费者和生产者之间的主动与被动关系，新媒体时代则是消费者与生产者之间双向互动的联系。

在网络上，企业可直接与消费者进行互动与联系，生产者、消费者、分销商、零售商，每个人、每个群体在网络上都是一个连接的点。通过网络他们可以自由联结，通过联结，企业可以与客户建立一定的关系。新媒体时代，相对于开发新客户而言，企业可以更好地利用现代的计算机和通信技术推动以客户为主的经营活动。

通过新媒体与客户建立一种联结关系，利用个性化的、表达明确的互动方式，实现与客户的互动沟通，发展长远的客户关系以提高客户忠诚度，减少品牌转换现象，这都能实现企业市场营销的最大价值。

5.3.3　购买行为分析

消费者是市场发展的主要动力，也是重要的组成部分。商家在市场中的生存发展需要通过消费者购买行为才能够实现。对于消费者购买行为的分析也是商家获取利润、分析市场变化发展的重要问题。消费者购买行为受到心理变化支配。

不同消费者会受到不同因素的影响，产生复杂的心理变化，购买行为能够反映出心理变化特点。差异性购买行为需要通过对消费者进行商业刺激来实现。在现代社会中，消费者的需求日益多样化，其复杂程度直接导致市场规模、商品种类的持续扩大，企业的营销活动也受到一定影响。

新媒体在技术、信息传播上具有及时性，对消费者心理影响效果非常明显。新媒体时代消费者购买行为需要不断地被满足，这也是新媒体时代商家的销售核心。消费者购买行为在内部催动和外部刺激下共同产生心理变化。商家要利用这种变化对消费者开展推销，这能够起到意想不到的效果。购买行为越是接近心理需求，消费者越是能够感受到满足。总的来说，微信强大的、潜在的用户群为微信营销提供巨大的发展空间。

（1）需求多元化

受到传统媒体的影响，消费者的需求更多限制在周边产品。朋友推荐、商业广告、促销信息等是消费者购买行为的主要影响因素。但是在新媒体时代中，消费者接触产品的信息渠道更加的广阔。新媒体能够为消费者提供搜索系统，这样消费者可以根据自身的需求进行信息搜索。社交网站、购物网站、移动终端等都能够为消费者提供个性化服务。消费者购买行为也更加具有复杂性特点。通过不同的传播媒介能够获取到大量的产品信息。消费者的需求也会随着新媒体技术的发展更加的多元化。新媒体时代中消费者产生自我意识的觉醒，利用微博、微信等开展的营销活动越来越受到人们的关注。消费者的选择空间不断扩大，不再局限于物质等的需求，同时还注重精神的享受。不同空间、时间消费者都能够进行消费。

（2）专家型购买的形成

消费者购买行为在新媒体中呈现专业化发展。消费者在传统媒介中开展的购买行为，与整体环境有着直接的联系。消费者在这种环境中很容易受到误导。

但是新媒体时代中，消费者的购买渠道发生显著的变化。消费者受到的影响因素明显减少，可以通过信息评价等了解到产品的质量。这对于产品的销售有着直接影响。消费者还能够在各种渠道发布相应的产品使用感受，对产品越来越熟悉。

（3）理性与感性的相互转变

在新媒体时代中，消费者的行为、心理等都在发生着变化。购买载体由实体店向虚拟店铺转变。被动接受广告转变为主动接受广告。新媒体能够为消费者提供购买虚拟产品的服务。即时聊天能够使消费者获取到产品的基本信息。新媒体能够通过滚动播放、积分返现、促销优惠等形式吸引到更多的消费者。消费者借助提供的关键词搜索到自己需求的产品。

在新媒体的影响下，消费者的购物周期发生明显的变化，冲动消费增强。消费者的购买行为不受地域等方面的限制，消费者会将更多的时间消耗在产品选择上。消费者的购买行为越来越感性化，直接受到网络评价的影响。

商家要利用新媒体传播的特点，更多地了解消费者的心理变化及行为趋势；充分利用新媒体的优势，注重市场细节，制定出具有针对性的营销方式。

新媒体时代下消费者与商家之间的互动更为频繁，商业活动更加多元化。消费者的购买行为发生变化，反映出商业信息的多样化。

消费者购买行为的变化符合新媒体时代的特点。商家开展营销，也要适应新媒体时代的大环境，才能够吸引大量的消费者。

5.3.4　竞争分析

微商与传统商业“捆绑代理商模式”不同，凭借低廉的成本、方便的顾客沟通等优势，不必构建系统的网络渠道，从而促进微商迅速发展。为了更好地了解微商的发展现状及存在的问题，我从从业者的角度，重点调查研究微商经营者销售额、微商的目标顾客群、进货渠道、微商竞争者以及微商在营销中存在的问题等，最后提出微商营销的优劣势。

微商发展模式逐渐形成了以口袋购物为主的 C2C 模式、以微信第三方为主的 B2C 模式、以京东购物入口为主的 B2C2C 模式。在调查 300 名微商从业者后发现，男性代理占 45%；女性占 55%。其中 32% 的从业者刚刚接触微商，占有较大比例。而从事微商经营一年以上的仅占整体的 18%，26% 的微商入行不足一年；24% 的人入行半年到一年。可以看出大部分微商处于起步阶段，经验尚未丰富。此外，还可在以下方面看出一些特点。

（1）月销售额

45% 的人做微商所得月收入在 1000 元以下，29% 的人在 1000 元—2500 元之间，17% 的人收入在 2500 元—5000 元之间，只有 9% 的人月收入在 5000 元以上。这表明，目前做微商收入并不太高。

（2）销售产品种类

在本次调查的微商从业者中，有 45% 的人销售商品为化妆品、护肤品，36% 选择食品、衣服、保健品等。可见，在销售产品的选择上，微商比较青睐与生活更为相关的产品。

（3）进货渠道

在微商选择的进货渠道中，47% 选择了某一产品的品牌商，而 23% 直接和厂家联系，10% 来自批发市场，4% 自产相对较少，其他渠道占比 16%。表明微商主要通过代理的形式，层层代理，具有特定性。

（4）目标消费群体

有 72% 被调查的微商的目标群体是熟人、朋友；实地地推，线下加人，通过软件加陌生人占 40%；38% 的人通过兼职交友群加人，另有 18% 的人通过其他方式加好友。通过这些看出微商的目标群体具有局限性，主要围绕熟人或者通过熟人推荐，销售对象相对比较狭隘，这使微商具有一定的“杀熟”特征。

（5）销售平台

微商在销售产品平台的选择上比较集中，极大比例的微商选择了微信，QQ 仅次于微信，微博也有较大数量，且其他平台也有涉及，比如人人、陌陌等。以上数据表明微商从业者销售平台丰富，宣传推广方式较好。

（6）维系的客户流量

微商所维持的客户群主要集中在 1000 人以下，其中最多的为 200 人以下，占比 40%；200 人～500 人占 36%；500 人～1000 人占比 20%；而 1000 人以上仅占 8%，由此可以得出创业者与客户的互动沟通不足，目标客户少，市场没有进一步打开。

（7）微商面临的主要竞争

有 32% 的微商从业者认为竞争压力主要来源于同类产品的其他团队；28% 认为是传统电商；22% 认为是实体店；其他竞争占 18%。可见微商行业竞争也很激烈，受各方面因素的影响，存在挑战性。

（8）营销难点

微商在营销中遇到的问题涉及很多方面。促销效果不明显是微商遇到最多的问题，其次分别是：价格高销量低；朋友亲人的不理解；产品种类多，销量普遍低；忠实顾客少等。这说明微商在开展营销时面临的问题比较多，很多环节有待改善。

（9）朋友对自己反感之后的做法

针对朋友们对自己刷屏不满的行为，被调查者大多数选择优化宣传方式，只有较少数的人对此采取不理会、维持现状的态度，其余选择少发朋友圈或者同朋友交流的方式。由此可知，微商的宣传方式正在尽自己努力去改变。

5.3.5　微商的优势

（1）微信用户群体大，微商潜在客户多

微信的用户比较年轻，乐意接受新鲜事物。一半以上的微信用户所加好友超过百人，平均每天至少打开微信十次。因此，当一条信息在朋友圈传播时，如果这个微商有 100 个好友，哪怕 10% 的好友转发，就有 1000 个人看到；如果再有 10% 的人转发，就有一万多人看到。且转发没有任何费用，来自朋友圈的转发增加了信息的可靠性，所以微商的潜在客户很多。

（2）资金投入少、运营成本低

微商的资金投入很少，只需要一部智能手机，在手机上下载微信平台，通过朋友圈转发相关产品信息就可以宣传产品了。而且一般微商不需要请员工，只需要招代理，对代理进行一定的培训，代理就可以宣传产品并且销售产品，且代理没有底薪，所以微商运营成本较低，对微商的压力也小。

（3）微信操作简单，不受时间和空间的限制

微信覆盖率较高，营销传播范围广，不受时间和空间的局限。微商的从业者完全可以利用碎片时间进行产品的宣传和销售，不影响其正常的工作，满足了大多数有意愿但是没有资本投入的个体需求。微信的功能较多，摇一摇、漂流瓶、附近的人、二维码、朋友圈等，多种功能都能成为微商的产品宣传途径以及目标市场的选择方式。这样可以快速开拓销售渠道，而且能够迅速将广告铺开。

（4）微商信息互动性强

25% 的微信用户一天打开微信超过 30 次，超过 55% 的用户一天打开微信超过 10 次。无论你在哪里，只要你带着手机，就能够很轻松地同你的客户进行互动。

5.3.6 微商的发展机会

（1）通畅的营销渠道

微商营销主要采用直销的模式，厂商、代理商以及消费者有机结合的立体网络结构，降低了渠道维护成本，提高了工作效率，使得交易流程更为通畅。

（2）发达的互联网基础设施

随着移动互联网的不断建设，微商随时随地都通过朋友圈帮助经营者寻找目标客户，利用整合资源进行推广活动，同时代理商可以通过手机对微商新人加以培训，可以利用网络视频进行全程的运营服务。微商是对实体店以及传统代理方式的一个补充，从而拓宽企业的营销渠道，降低营运成本。

（3）政府政策的支持

一方面政府在政策上鼓励创业，鼓励多种经营模式的发展，从而促进微商的发展；另一方面政府制定法律法规，规范市场，严厉打击假冒伪劣产品，提高了微商产品的信誉保证，也使微商的用户放心购买。

案例

维也纳酒店：微信1年订房1个亿

案例亮点：移动化时代彻底颠覆PC端。

作为全国中档连锁酒店知名品牌，维也纳酒店最初就看到了微信服务号强大的智能服务接口，并果断升级为服务号，申请并使用微信各大高级接口开发功能服务客户。移动端更多注重的是客户体验，维也纳酒店通过自定义菜单的深度优化和闭环管理思维，不断提升平台的客户体验，有效激活了平台会员的消费黏性和活跃度。

首先，预订系统的开发，与 PC 官网进行打通实现微信预订，通过“微信预订立减 20 元”差异待遇进行流量引导和转化。其次，每日签到的闭环设计，娱乐和让利的双重驱动，让维也纳酒店的会员留在微信平台上，并得到愉快和实惠。微信的自助服务使维也纳酒店订房各环节实现信息一体化和智能化，有效提高了客户体验和平台消费黏性。

目前维也纳酒店通过微信日均订房超过 1000 间，结合维也纳服务号的关注量来讲，这一转化率目前在业内也是位居前列的。

5.4　品牌个性和消费者自我形象

5.4.1　品牌个性

艾克将品牌个性定义为，跟品牌有关的一些人性特质，普卢默则认为所谓的品牌个性如人的个性，具有独特性。品牌个性和人的个性最大差异在于，两者的来源不同。人格的形成，受到文化、社会阶层、家庭、态度与信念等因素影响。而品牌个性就是一组有关品牌的个性特质的组合。品牌个性的形塑可能来自消费者与品牌直接或间接接触所形成的观点、消费者对产品相关属性的联想，或是各种广告所传达的讯息等。

艾克以建构个人个性的方式来建构品牌个性后，相关研究人员才对品牌个性有了一套具体的衡量标准。

5.4.2　自我形象

所谓的自我形象，其实是思想与感觉的组合。而这个组合构成一个人对本身实际存在的了解，以及认清自己究竟属于何种人物的基本观念，有人将自我形象定义成个人所认为的自己，也就是一个人对自己的看法、态度、意见和价值判断的综合。所有这些与自己的知觉结合在一起，就形成个人的“现象我”。现象我是个人感觉到和经验到的真实自我，也是他真正想要维护的自我。也就是说一个人所希望、所认为的自己，就会形成个人外在的自我形象。因此，自我形象是个人对自己的看法、态度、意见和价值判断的综合。一个人认为他自己是怎样的人或是他有怎样的能力等，就会形成、塑造出相应的自我形象。

许多学者曾经就自我形象的结构，从不同角度进行分析，而有不同的论点。从动态、形式、性质的角度，分析自我的结构，可以将自我形象的结构分为三部分。

投射我：个人投射于他人的自我形象，是个人的想象中他人对自己的整体看法，也称为“社会的自我”。如同“镜中自我”的概念一样，说明每一个人对其他人而言都像是一面镜子，可反映出他人所表现的行为、事件。

现象我：个人对自己的一种主观看法，但这种观感不见得与想象中他人对自己的观感一样，其中可能存在着颇大的差距，故又称“主观的自我”。

理想我：个人希望达成的一种圆满影像，是个人希望自己变成怎么样的一个人，也就是个人理想的生活目标。所以“理想我”是个人设定的一个假想目标，如果“理想我”和“现象我”之间能维持一段适当的距离，则能够对个人的行为表现具有相当的诱导力。

对于品牌个性与消费者自我形象间的关系，已有研究者指出，消费者会倾向于购买品牌个性与其自我形象具有一致性的产品。

回顾过去的研究结果，我们可以发现，消费者的自我形象和购买行为，与品牌个性之间存在以下相关反应：

消费者的“现象我”形象与产品品牌个性的一致性，确实会对消费者的消费行为决策造成影响（例如，产品偏好、购买意愿、产品的使用、产品的拥有与忠诚度）；

消费者的“理想我”形象与产品品牌个性的一致性，亦会对消费者的消费行为决策造成影响；

至于有关消费者的“投射我”形象与产品品牌个性的一致性，会对消费者的消费行为决策造成影响，则只有少数研究支持此论点。

换言之，品牌个性与消费者的真实自我形象，其一致性程度愈高，消费者的购买意愿也就愈高；品牌个性与消费者的理想自我形象，其一致性的程度愈高，消费者的购买意愿也会愈高。

所以企业在拟定品牌相关战略时，除了要知道该品牌的目标对象是谁以外，更需要进一步了解该目标对象的自我形象类型，以便能针对这些目标对象的自我形象，塑造出符合他们自我形象的品牌个性，借以提升这些目标对象的购买意愿以及企业的获利机会。

案例

LOUIS VUITTON：个性解答

LOUIS VUITTON 的客服十分人性化，它启用一对一人工咨询服务，为顾客做出个性化的解答。任何关注者想要了解或咨询 LOUIS VUITTON 品牌及其相关的产品或活动信息，只需关注 LOUIS VUITTON 官方微信服务号并提问，便可以轻松获得满意的答案。而且每一个用户提出问题的响应时间基本都能稳定控制在 15 分钟以内。

最让人感叹的是，在这个平台上，提出的问题都是由专业的真人客服给出最个性化的建议，跟身处 LOUIS VUITTON 实体店没什么两样。

“很方便，我只要输入一些相关文字，比如说今年秋冬色彩，客服就会给我进行相关的推荐，很喜欢。”一位女性购买者这样说。

不过她也对其他一些品牌进行了“吐槽”，“有的品牌微信客服基本上就是个摆设，除了第一次添加后会打个招呼说‘你好’，此后的咨询都没有回复，而且根本看不到产品信息。”

第6章　公众号的推广

很多公众号运营者不明白，为什么自己的微信公众号设置得很完善，却没有粉丝呢？其实最大原因就是没有切实地做好微信公众号的推广工作。

运营者可以采用多种方式来推广自己的微信公众号，这样能够让更多的粉丝、客户关注你。比如，可以利用自媒体的宣传平台推广，也可以利用小号带大号，借助一些媒体网站来宣传，或采用线下二维码等多种方式来推广。

只要能够灵活多变，使用好这些宣传工具，就能够让你的微信公众号家喻户晓。

6.1　微信公众号的选择

微信公众号是开发者或商家在微信公众平台上申请的应用账号，通过公众号，商家可在微信平台上通过文字、图片、语音、视频等多种形式与特定群体进行全方位沟通和互动。目前，这已成为一种主流的线上线下微信互动营销方式。

微信公众号现在已经分成订阅号、服务号、企业号和小程序四种。公众号在新注册的时候可以选择注册为这四种之一。微信公众号最初注册时默认为订阅号，随后可以升级为服务号，而现在，订阅号也可以创建底部自定义菜单栏。

随着时代的变迁，科技的不断进步，微信公众号又分成两种类型，即企业号和小程序。

微信企业号是微信为企业客户提供的移动服务，旨在提供企业移动应用入口。它可以帮助企业建立员工、上下游供应链与企业 IT 系统间的连接。利用企业号，企业或第三方服务商可以快速、低成本地实现高质量的企业移动轻应用，实现生产、管理、协作、运营的移动化。

微信小程序是不需要下载安装即可使用的一种应用，它实现了应用“触手可及”的梦想，用户扫一扫或搜一下即可打开应用。主体类型为企业、政府、媒体、其他组织或个人的开发者，均可申请注册小程序。

6.1.1 服务号、订阅号、企业号三者区别

表6–1 服务号、订阅号、企业号的区别

	服务号	订阅号	企业号
面向人群	面向企业、政府或组织，用以对用户进行服务	面向媒体和个人，提供一种信息传播方式	面向企业、政府、事业单位和非政府组织，实现生产管理、协作运营的移动化
群发消息次数限制	4条/月	1条/天	最高每分钟可群发200次
显示方式	出现在好友会话列表首层	折叠在订阅号目录中	出现在好友会话列表首层
验证关注者身份	任何微信用户扫码即可关注	任何微信用户扫码即可关注	通讯录成员可关注
消息保密	消息可转发、分享	消息可转发、分享	消息可转发、分享。支持保密消息，防成员转发
高级接口权限（第三方平台）	支持	不支持	支持
定制应用	不支持，新增服务号需要重新关注	不支持，新增服务号需要重新关注	可根据需要定制应用，多个应用聚合成一个企业号

6.1.2　公众号的设计

（1）明确定位

微信定位是一个微信公众账号建设和发展的核心。微商要想做好、做大、做强，必须立足产品，打造品牌，服务客户，制定一个适合自身发展并符合自身建设的定位，以形成品牌效应来辐射受众。

而定位可以基于以下三个方面来确定：

战略目标假设——我们想做什么；外部环境假设——我们可以做什么；内部实力假设——我们能做什么。

只有找到适合自己的独具特色的定位，才可以彰显微信公众平台这一新兴媒体与众不同的个性风格，增强其不可替代性，进而形成市场优势、差异化优势、成本领先优势、目标聚焦优势。

①明确目标市场，确立战略取向。微信公众账号的定位，关乎两个核心问题：你是谁，你要做什么。

举个例子，假如你是做化妆品的，你的定位目标就是化妆品，而不要跨越到别的品类或者垂直行业，因为你更擅长这个领域。假如你是做美容的，你的定位就是美容，而不要去做保健品。在此，我强调一点，你的目标一定要明确。

②在找准定位之后，接下来就是确定内容了。在这里我们强调一点：多做些服务，客户会更爱你。当然“服务”这个词比较宽泛，可以理解为一切为用户着想并使其受益的理念或活动。事实上，微信营销只不过是微信公众账号的一个属性而已，你必须开阔视野，别把营销当成是公众账号的唯一功能。

招商银行公众号在这方面就做得很好，无愧于招行的名声和地位。招商银行公众号很少群发，用公众号信息提醒代替了以前的短信提醒，为我们随时查余额、账单等提供了方便。在招行公众号中，用户直接回复相关关键词就能获得想要的信息。除此之外，艺龙旅行、南方航空等服务性行业的企业把微信视为一个服务用户的工具，让用户主动地体验服务，方便快捷。

③锁定目标找客户。人们可以通过微信的摇一摇、漂流瓶等功能方便而迅速地让信息像病毒一样散播出去，这让微信营销成为可能。随着营销效果的进一步凸显，微信营销必将深入每个人的生活中。但是在这里我们要注意一点，微信营销做不好同样也会产生负面效应。如果只是一味发布繁多的打折促销信息，会让用户以为是垃圾信息，引起用户的反感。优化产品特色、创建品牌个性是最主要的。

所以，运营者不能只是简单地、盲目地“赶时髦”开办公众号，一定要先考虑好自己的目标人群或潜在顾客在哪里，明确自己的微信公众账号特色，否则不如不开公众号。

第一“独有特色”，就是要在自己的微信公众账号中突出“人无我有”。

第二“相对特色”，就是打造微信公众账号“人有我优”的差异性。比如官方微信在运营时注重题材的选择，注重形式的转化、理性的分析、信息“碎片”的整合、各界声音的采集，在阐述中见深度、见广度，在探讨中见思想、见观点，形成新的观察视角，彰显特点和风格。

第三“错位特色”，就是要在同类微信公众账号中形成自己的特色。

总之，只有从这三个方面深化，才能让微信定位更新颖、更活泼、更睿智、更独特，更受欢迎。

（2）公众账号取名技巧

微信公众账号的名字非常重要，倘若你能取个吸引人的名字，那么更容易受到关注。其实可以简单地理解为，你想吸引什么样的客户群体，就应该起与这个客户群体相关的名字。

比如，你从事教育培训工作，在运作微信公众号时，就要定位在培训方面。在这里我们重申一点：企业微信公众号名称最好不要是某某品牌官方微信，这样给人感觉和企业官网一样，让大家觉得没有可看性；最好是仅是品牌名或者由品牌名加行业词组成。如果你的品牌知名度不是很高，可以用品牌名加行业词的方式命名，例如某某品牌服装批发，这样用户搜索“服装批发”就能找到你，有不少账号通过这样的方式获得了数千人的关注。

另外，我们都必须清楚一个事实：微信的名字及 ID 一旦确定就没法更改，公众号粉丝过 500 后可以自助认证。而名字又对你公众号以后的自然流量增长以及用户心目中对你产品的准确定位很重要，所以取名一定要慎重。

通常用户在手机微信客户端搜索公众账号有两条途径，一是通过微信号直接搜索，二是通过账号名称搜索。由于微信号通常是英文字符加数字等组合，可记忆性不强，因而通过中文搜索公众账号是一条重要途径，企业公众账号中文名称的辨识度要高，可搜索性要强。比如银泰杭州西湖店，一般商家会取名为“银泰杭州西湖店”，但实际上本地用户习惯称之为“西湖银泰”，那么公众账号名称就建议取“西湖银泰店”，把“杭州”两字去掉。商家在宣传时可以直接用中文，用户搜索时无论是搜“西湖银泰”“西湖”“银泰”该公众账号都有机会出来。微信的搜索排名规则现在还不清楚。

在这里我们不得不说一个例子，那就是公众账号“美剧英语每日一句”。你不管搜“美剧”还是“英语”，它都在前几位，这样哪怕不推广，每天也会有比较稳定的用户增长。它没有选择“美剧英语”或者“每日一句”作为公众账号名称，是因为名字越长传播效果越好，如果叫“每日一句”而有一天没推送，就会有一堆用户发消息来问：“怎么今天没有每日一句啊？我不听每日一句睡不着觉啊！”

6.2　公众号的推广

6.2.1　自媒体平台推广

建立了微信公众号之后，企业最担心的一个问题就是如何让自己的微信号有数百万的粉丝，怎样才能让更多的人关注自己。世界著名管理大师彼得·德鲁克说：“再大的品牌也都是从小到大推广出来的。”

说到推广，我们先来看一下如何利用自己已经拥有的优势来推广，比如自媒体平台推广。有些企业可能已经拥有几个实体店、几个网店的规模，也有的企业已经拥有了完善的网站资源，那么其中就有企业的自媒体，这些形式不但不会与微信公众号发生冲突，反而还能为促进微信号推广工作。

企业想要让自己的微信公众号家喻户晓，首先就不要放过自身拥有的宣传优势。充分利用网站、网店、实体店等全部可用的资源，多管齐下，才能面面俱到，让微信公众号更加深入人心。

喜欢网购的人都有这样一种体会：但凡开通微信公众号的电商企业，在购物的页面上，都会清晰地标注自己的微信号和二维码。甚至有些企业会在网站页面上，专门开辟一个微信专区。这样不但能够吸引客户眼光，还能为企业微信公众平台增添粉丝和进而促进宣传。

比如在“凡客诚品”的页面上，首先映入眼帘的就是他们的微信二维码，而且你若点开关于凡客诚品微信的内容，还会看到一系列关于凡客诚品的内容和注释。

由此可见，自媒体的影响力不容小觑。很多企业往往忽视自媒体的传播力度，一味去外界找寻宣传微信的工具。事实证明，只有做好了自媒体方面的宣传工作，才能更好地通过其他的方式宣传和推广。

6.2.2 沟通互动式推广

微信最初就是作为一种通信工具出现的，所以在微信营销中，沟通互动是最好的一种推广方式。因此，企业不能放过任何与粉丝互动聊天的机会。当然了，想要将微信公众号推广得更好，让更多粉丝关注，不但不能放过在微信上与粉丝互动的机会，还要充分利用好其他的聊天方式，比如QO及其空间、微博等。在这些方式中，企业也能够充分推广自己的微信公众号。

说一千道一万，企业将微信公众号做得十分全面、优美的目的究竟是什么呢？就是希望粉丝们能够去关注企业，分享这些微信消息。而在互动聊天的时候，恰恰就是最能实现这一结果的时候。因此，企业一定要把握住这样的机会。同时，交流过程中。

（1）在微信互动聊天时，要亲切委婉，不能硬性推广

有些企业会利用微信小号来寻找附近的人，希望粉丝关注其微信公众号。微信聊天互动时，一定要在语气上亲切委婉，不能硬性推广，否则会“吓跑”粉丝，或者惹来粉丝的“骂声”。关于这一点，后面章节中还会详细讲述。

（2）在 QQ 上与对方互动时，要幽默诙谐

通过 QQ 聊天互动，也是一种推广微信账号的方法。在这个过程中，语气一定要幽默诙谐。曾经有人说：“上网聊天就是找乐子。”如果你一本正经，那么谁都不会跟你聊。因此，想要吸引对方关注你的微信号，首先就要先在 QQ 上“逗乐”对方，这样对方才会被你吸引，从而跟随你的脚步前进。比如有一家餐饮企业在 QQ 上向陌生对方发出这样的消息：“知道最近流行什么吗？”对方当时发来一个问号，想要寻求答案。这时，企业向对方发去两个大字“吃货”。然后对方当即发来一个大笑的笑脸表情。这样不经意间就将对方拉拢到了自己的旗下，那么接下来再宣传微信公众号也就易如反掌了。

（3）QQ 空间、微博留言时，以关怀和祝福打动对方

当你进入某些人的 QQ 空间或者微博、博客时，想要很好地推广自己的微信公众号，那么千万不要只是留下一个微信账号和二维码。一定要在发这些消息之前，先送上一两句祝福或者关怀的问候。对方看到你的留言感到温馨、感动，才能被深深打动，进而主动关注你的微信公众号。

6.2.3　与知名微信公众号合作，互相推广

只要是建立微信公众号的企业，都想要让自己的公众号版块快速聚集众多“铁粉”，帮助自己做宣传，同时推广自己的品牌。但是，在这期间如果不讲究方式方法，即使将微信公众号版块建立得再完美，也是徒劳。

而推广公众号除了上述几种绝招之外，还有一种就是合作互推。

何为合作互推呢？打个比方，一个做快消品的新企业如果想要让自己的微信公众号版块上快速聚集一批粉丝，估计是不太现实的。但是，如果该企业可以与一些知名的微信公众号（如1号店、京东商城等）合作，那么很可能会借助其力量而迅速“出名”。当然了，鉴于很多情况，这个过程需要双方详细洽谈才能促成，因为很多企业不太愿意与同性质企业一起推广。因此，企业也可以与一些其他性质的而微信公众号合作互推。只要企业可以灵活多变，求得生存，就可以让自己的微信公众号得到广泛推广。

与一些知名的微信公众号合作，是众多新兴企业或者新开通微信公众号企业的一个极佳的推广方式。这种方式在实际操作中，需要注意以下问题：

（1）尽量不要与同性质企业合作互推

在商界中，同性质企业之间大多存在竞争，竞争永远多于合作。所以，无论你是什么企业，都尽量避免与同性质企业微信公众号合作互推，即使对方颇为知名，也尽量不要与之合作。曾经有一家做品牌代理的服装公司刚注册一个微信公众号，想要与一些知名微信账号合作，就选择了同类企业中的一个知名品牌企业，最终的结果却是得不偿失，不但自己的微信公众号没有得到宣传，反而还让同企业的人在竞争上略胜一筹。

（2）合作的前提是互惠互利

如果企业想要与知名微信公众号合作，那么首先就要了解自己是否与对方存在一定的互利关系。如果存在互利关系，互推时也就会合作融洽；反之，则会事倍功半。

（3）利用二维码将自己公众号打入知名公众号

与知名微信公众号合作，一般情况下就是企业将自己的微信二维码或者微信号与合作方公众号联系在一起，因而能够引起粉丝的高度注意。比如一家轮胎企业，与凯迪拉克、宝马等一些知名企业微信公众号合作，将自己的微信二维码放在凯迪拉克、宝马的微信二维码下面。这样粉丝在关注凯迪拉克、宝马的同时，也会关注这家企业。当然，在这个过程中，企业一定要将二维码设计得有独特个性，突出自己的 Logo，吸引粉丝。

6.2.4　利用微信公众号导航类网站进行推广

很多营销大师认为，单凭企业自己在微信公众号上的策划、推广，就想让企业微信公众号家喻户晓，恐怕是很困难的，必须要从多方面来进行微信公众号的推广。

在这里，我们向一些企业推荐一种利用微信公众号导航类网站来进行推广的方法。比如，企业想要利用一些搜索引擎来上网时，会选择 UC 浏览器、360 浏览器、好 123 等。企业想要让粉丝们更方便快捷地搜索到自己的微信公众号并加以关注，自然也就离不开公众号导航的推广。类似这种的微信公众号导航风站在网上有很多，如木蚂蚁、聚微信、微信聚等。企业要充分利用好这些导航网站来推广自己的微信公众号。

也许有人会问，如何才能在这些微信公众号导航网站上推销自己？如何才能让粉丝在众多微信公众号中找到并关注自己？

其实，这需要的就是一种方法。无论是聚微信、微信聚还是木蚂蚁等导航网站，都会有一个版块叫“提交微信”，在这个版块中，企业可以免费提交自己的微信公众号。

你的微信发布得越多，那么你的推广值就越大，从而也就更容易被粉丝注意到。另外，在这个环节中，企业还能清楚地看到当前公众号被浏览的次数。而这也是一个很好的反馈信息，让企业知道自己应该如何更好地去推广自己。

因此，可以说，这种微信公众号导航网站，是一个推广企业微信公众号的优秀平台，企业一定要充分利用。

6.2.5 抓住网络热点，策划活动进行推广

在推广微信公众号的过程中，企业不但要灵活多变，还要时刻注意时事新闻，利用微博、传媒等渠道来了解网络热点，根据网络热点话题来制造一些促销优惠活动，同时也能够更好地做好微信公众号的推广工作。

此外，企业还可以根据一些热点事件，来策划一些更有创意并能引起媒体轰动的活动，借助媒体力量来推广自己的微信公众号。如果企业想要让自己的微信公众号家喻户晓，只要认真去策划，仔细做活动，那么就一定能够顺利推广。下面给大家介绍一些基本的技巧。

（1）关注热点的同时，还要有独特的策划创意

有些企业以为只要抓住了网络热点，就能够以此吸引客户关注自己。但如果没有好的策划来运作，用户就难以主动关注企业账号。这需要企业有良好的创意。

例如“我是歌王”的比赛，就是根据湖南卫视比较火爆的“我是歌手”的综艺活动策划的。热点虽好，但是如果企业想不到利用 LED 大屏幕播放微信二维码和微信号，那么用户也只是参与活动而已，不会主动关注你的微信公众号。

（2）设置奖品、优惠活动，吸引用户广泛参与

有了好的热点和创意，还不足以让用户踊跃参加，更重要的是要设置一些奖品、优惠来吸引用户。曾经有家企业策划了一个“拍马屁”的活动，只要用户拍一下马屁就有奖品。当然了，在马屁股上，企业贴上了自己的微信公众号和二维码。这样一来，很多客户纷纷来试一下手气。而这个活动也上了电视，该企业的微信公众号也被很多人所熟知。

6.2.6 线下二维码推广

在推广企业微信公众号，宣传企业品牌的过程中，还有一个技巧非常

实用，那就是推广线下二维码。

俗话说："巧妇难为无米之炊。"如果没有粉丝关注，微信营销也就寸步难行。所以，我们必须要在线下做好强有力度的推广。水滴石穿，用户是需要慢慢积累的，微信公众号的二维码，也需要一步步地在线下进行推广。

有些企业的营销人员很聪明，利用促销活动，在宣传品牌的同时，还将微信公众号的二维码成功加以推广。

其实，线下微信二维码的推广是很容易操作的。企业不仅可以将二维码附在宣传单上，还可以印在产品包装袋、包装盒、横幅、店门、桌子乃至于企业的纸杯上。总之，但凡与企业有关的物品，都可以印上自己的微信二维码。

比如凡客诚品、唯品会等电商企业，在所有物流的包装袋、包装盒上，印有企业的微信二维码。这样不但方便用户扫描，同时也宣传了企业品牌。

当然，线下宣传微信二维码的活动不是仅仅印刷二维码就可以的，还需要一些具体技巧，以便让用户在看到二维码后主动扫描并关注。

（1）将二维码放在显眼的地方

企业在进行线下推广时，一定要将二维码放在显眼位置。只有这样，用户才能在第一时间看到，节省彼此的时间。比如，呷哺呷哺火锅店，就将二维码的标识张贴在店门上，而且在每张客用桌子的下方也贴着二维码。这样，只要顾客一低头吃东西，就能看到。而且在二维码旁边还配有精美的软文，比如一些促销活动等内容，这样也更能引起用户的关注。

（2）给用户一个"扫一扫"的理由

很多企业将微信公众号的二维码设置得十分漂亮，富有个性，然后印刷、张贴到企业物品上。但其效果不太明显，原因在于企业没有给用户一个主动拿出手机"扫一扫"的理由。

企业必须要给用户一个"扫一扫"的理由，而这就需要企业了解用户的需求心理。比如，可以让用户扫描完二维码之后，享受到微信专享的优惠促销活动和礼品等。给用户一点甜头，用户便会主动去关注你的微信公众号。

6.3 软文营销

软文营销，不同于软文推广，它是一个完整的流程，我们可以分成调研、策划、撰写、发布、评估这五个部分。如果企业想长期实施软文营销，那么这五个部分就是一个闭环的体系。

6.3.1 软文营销调研

企业在开展软文营销之前，必须进行市场调研。那么企业如何开展调研活动呢?

如果是企业自己的团队来操作，就相对简单了；如果是委托第三方，就应该从两个方面入手，从三个群体去了解。

（1）两个方面：企业内部和外部

内部要调查企业的创建历史、商业模式、经营范围、企业资质、经营业绩、企业荣誉、组织架构、领导人资历、经销商数量、客户群体、公司管理模式、人力资源体系、企业办公环境、生产环境、企业法务状态、企业参与的公益活动、企业员工的工作、生活状态等。当然，并不是说以上所列出的项目都要了解得一清二楚，即使企业愿意配合也基本不太可能，但是至少要初步了解一下，这样便于后期的软文策划。

外部要全面了解企业所在行业的发展情况，与企业相关的新闻热点，企业客户群的主要特征和行为习惯，主要竞争对手的基本情况，特别是竞争对手已经开展软文营销的，更要认真收集和研究。当然，我们收集这些并不是要诋毁竞争对手，而是要从中学习经验，找出竞争对手的弱点，从而制定差异化、个性化、系列化的软文营销策略。

（2）三个群体：企业内部人员、企业合作伙伴、第三方人员

企业内部人员，包括企业经营负责人、企业创始人（有时候企业经营

负责人未必是企业创始人）、企业主要部门负责人、企业员工；

企业合作伙伴，主要是指企业的主要经销商和供应商、企业的大客户；

第三方人员，主要指行业内的竞争对手、行业协会、监管机构人士以及普通消费者。

对于以上三个群体的调研，不一定面面俱到，但是主要的应该覆盖，可以像新闻媒体记者那样列出采访提纲，也可以通过聊天的形式从侧面了解调研对象的基本情况。有一点必须要注意，对于涉及企业商业秘密的具体内容，尽量不去谈。即使了解到了这些信息，也必须严格保密，否则这些信息的泄露可能会造成这家企业的现实经济损失。

我们建议，如果企业长期开展软文营销，且是委托第三方来操作，接受了对方调研，一定要与其签署保密协议。如果能够协商成功，最好签署一个行业排他性协议。

6.3.2　软文营销策划

实际上，实施软文营销就相当于对于企业的各个方面进行一次全面梳理和初步的管理咨询。这些事情在调研阶段已经解决了。

如何来策划呢？策划这个阶段应该完成什么任务呢？我们建议，企业要明确以下三种情况。

（1）明确列出软文营销的行动目标

这个行动目标就是软文营销要达到的目的——为了树立品牌还是为了拉动销售，对竞争对手采取的策略做出回应还是配合公司的重大战略部署，必须要明确。如果有多个目标，一定要排出顺序，否则就是没有目标。

（2）明确软文营销实施策略

具体来讲，就是要明确软文营销的时间要求和数量要求，还要初步明确软文营销的投放渠道。当然，这三个可根据预算做一些灵活调整，但是必须遵循这三个基本要求，唯此方能有效定制软文营销的策划案。

（3）根据前面确定的行动目标和策略，进一步选定软文撰写角度

这些角度可以是文章标题形式，也可以是撰写思路的简单记录。只要前期调研充分，有了行动目标和策略，具体围绕行动目标（一个事件、一个网站、一款产品），先建立一个清晰的写作框架，将写作分解成不同的侧面和角度。几大块一划分，迅速将文章撰写角度列出来。这样，一个事件、网站或者一款产品往往可以一层层分解出上百个不同的角度，组织出上千上万篇不同的文章，从中首先筛选出比较满意的撰写角度。

以上过程结束后，企业可以召开讨论会，经过主要负责人确认，就形成了书面的软文营销策划案。

对于软文营销策划案的撰写，有两点需要注意：必须要与公司的发展战略一致，确保对外传达的声音与形象要和企业的品牌计划一致。

6.3.3 软文营销撰写

软文的撰写不完全是技巧，很多企业认为，开展软文营销需要文笔特别好好的员工，其实不然。实际上，只有平面媒体的软文和网络门户的软文要求较高；其他对员工的文字功底要求并不高，也不需要有文采，只要写出真实情感，写出对别人有价值的文字，朴实之中能见深刻、见精彩，足以。

即使是对文章要求比较高的主流媒体，如果按照本书下面章节所讲的撰写技巧去实践，多加练习，也能很快写出漂亮的软文，也能顺利通过主流媒体编辑们的审稿。

软文撰写要注意与所投放渠道的特点相符合，撰写的技巧主要体现在标题选用、篇章布局、语言风格、结尾方式等方面。

相关人员在撰写软文时，需要注意以下禁忌：

①忌忽视读者。尽管前期调研和策划都做得很好，围绕软文的行动目

标也做了深入系统的研究，这样做写出有血有肉、生动传神的好软文不是难事，但是千万不要忽视读者。也就是说，一定要充分考虑目标受众最关注的是什么，易于接受的传播方式是什么。否则，软文写得再好也会很主观，不会有理想的效果。

②忌标题无趣。标题是整篇软文的灵魂，读者看软文先看文章标题，之后经常是先速览一下每段内容的标题，如果有兴趣才会接着阅读。据调查数据显示，一般读者决定是否看某一个内容，70% 是由标题和副标题决定的。

所以，要在标题上下足功夫。不过，也不能为了标题新颖而不顾与内容的关系，一旦文不对题就成了人人讨厌的“标题党”。没有吸引力的标题和“标题党”类的标题，效果都不会很理想。

③忌拖泥带水。读者看软文通常没什么耐心，如果不能在几行字之内抓住读者的眼球，后面的内容即使再精彩也毫无意义。所以，软文要避免像写流水账一样，要做到语言凝练，前后呼应，全篇浑然一体。

④忌盲目自夸。软文的目的在于引导、说服或者引起读者的共鸣，将信息植入到读者的大脑，促使最终软文行动目标的实现。因此，要充分考虑软文对于读者的”可接受性”。也就是说，软文一定要给读者一种“可信度”。切忌过分地夸大与拔高，避免将软文写得如硬广般夸张，如果引起受众怀疑甚至反感，就白费力气了。

⑤忌有头无尾。我们见到过很多软文，标题、内文、布局都很好，行动目标植入得也很好，可惜没有好的结尾，显得太突兀。就像在高速上开车，车子跑得正起兴，前方突然没有路了。

6.4 软文营销的发布

6.4.1 发布平台的选择

软文准备好之后，企业不能简单地进行发布，对于平台要有选择性。

首先，要根据产品的特征选择合适的发布平台，重点考虑目标客户在哪里，结合软文风格和内容，在预算范围内选择平面媒体、网络媒体或者免费平台。

其次，要注意网络平台在搜索引擎中的权重，一些权重较高、有新闻源的网站往往是发布软文的第一选择。同时，要注意发布软文的时间间隔和范围，不能仅发布一次就认为已经完成发布了，而是应该选择一些合适的平台进行多频次、广范围地软文发布活动。

目前很多媒体已经有了网络版，所以发布到平面媒体的软文一定要跟踪网络版发布情况，甚至可以让平面媒体协助联络一些网络媒体转载（部分平面媒体会与一些网络媒体结成战略合作关系，稿件会相互摘录或者转载）。

我们确定了软文发布平台之后，要处理好与平台管理者的关系。

首先，要尊重他人。人都有被尊重的需求，我们在别人的平台上发布文章，尊重管理人员是一个基本的原则。即使发到平面媒体的稿子被毙了，发到论坛的软文被删除了，也不要和编辑或者版主发生正面冲突。

其次，要怀有一颗感恩之心。如果我们的平面软文顺利通过审稿阶段，或网络软文被推荐或者被加精华了，一定要联系上审稿编辑或者相关管理者，表示我们诚挚的感谢，哪怕我们的感谢仅仅只是语言上的。

最后，用心交往。我们需要建立起包括重要平面媒体及网站管理人员的人脉圈子，每个人都不希望被利用，但是如果我们在发布软文之前就已经和管理人员熟悉了，后面的事情就会很简单。

6.4.2　发布前的检查

扎实的调研、周密的策划、巧妙的撰写之后，重头戏就是发布了。

在软文发布之前，我们一定要仔细检查一遍，检查的内容和顺序建议如下：

行动目标是否植入；

软文的标题是否足够吸引人；

软文的内文是否上下连贯；

软文中关键词植入的是否过密；

软文的配图是否合适，是否有法律风险；

软文结尾是否恰当；

网络软文的超链接是否正确；

软文中是否有错别字，特别是涉及的人名、地名、产品名称等；

平面软文中是否有明显的标点错误（括号、引号、书名号等是否完整，标点符号用法可以参见国家标准《标点符号用法》）。

6.4.3　最佳发布时间

如果时间允许，建议尽量选择在平面媒体有重大选题刊登时发布软文，因为其销量和传阅率都会明显增加。

尽量选择在周一至周五的上午 10 点至 11 点，投放网络媒体软文，因为很多小站的编辑会在这一时间段转载文章。

新浪微博商务部的调研数据表明，微博用户活动有如下规律：

微博用户周一、周二反应冷淡：用户往往面临比较大的工作压力，心理处于紧张期，对于企业微博的反馈并不是非常积极。

周三、周四互动最集中：用户进入一周的稳定期，对于微博的反馈积极性明显提高。但是目前企业对于这两天的利用不足，发微博比例偏低。

周五、周六、周日用户更为活跃：用户处于对周末的期待中，相对于评论而言，更乐意进行简单的转发。

工作日下班后的时间段（18~23 点）营销价值大，企业需重点关注；周末午饭后（13~14 点）和晚饭前后（17~20 点），用户互动更加积极。这两个时间段用户转发和评论都比较积极。

周末的 23 点之后仍是用户积极互动的时间：由于周末休息较晚，23 点之后企业微博仍然可以获得较多的用户反馈。

因此，微博软文的发布时间尽量选择在用户活跃度高的时间段，这样收效会更好。微信软文发布可以参考微博的时间段。

案例

经典绘本：订阅号开微店日入 3 万元

经典绘本的垂直细分订阅号，博主发布绘本、育儿的微信内容吸引粉丝关注，一年积累了三万多高黏性粉丝。有了精准粉丝也就有了精准流量，下一个问题就是转化率了。该博主申请了微信认证和微店，开通了微信菜单，将微店放在显眼的自定义菜单上面，将商品推介页面制作得跟大多淘宝宝贝描述那样具备营销力，有订阅号图文消息的支持，有微店商品介绍页的详细介绍，搞一搞团购促销打折，有几万粉丝基础，一次促销可轻松带来几百个订单。

经典绘本主要分享绘本和亲子教育等，推送内容均严格筛选，多数是能引起父母们共鸣的，让人倍感亲切，微信上用“哈爸”“哈妈”人格化形象，有点像是父母给孩子孜孜教诲的感觉。通过有趣的教育图书、文化内容等图文推送，直击家长们对子女的关爱和对教育的相关思考。

小小微店，小夫妻经营。据店主说，第一次在微店里上传了一套售价为155元的绘本，早上发公众号的图文消息，告知订阅用户可到自定义菜单中的微店进行团购，当天的销售额高达33152.5元。所以，只要用心做，就会大有成效！

第7章　新微商个人IP打造

7.1　如何打造微商的个人 IP

微商要打造个人 IP，不能虚构，必须围绕一个真实人物来加以塑造。这个人物必须是真实存在的，而非虚拟的。

只有真实存在的个人或组织，才能让客户产生信任感，进而产生购买行为，并对你的产品和品牌保持信任。

这是一个浮躁的时代，这是一个信息泛滥的时代，这是一个泯灭个性的时代，这是一个凸显个性的时代。这是一个机会越来越少的时代，这是一个机会越来越多的时代。这是一个人才稀缺的时代，这是一个人才过剩的时代。这是一个最坏的时代，这是一个最好的时代。

这不是自相矛盾的呓语，而是我们所处时代的真实描述。人们都生活在一个同样的时空中，但每个人看到的世界却不同。什么样的眼睛看到什么样的世界，什么样的心灵感受到什么样的人生。

对于世界，每个人都有自己独特的体验，也有自己的观察视角。那些被汹涌的信息洪流淹没的人，甚至每天被各种互相矛盾的观点左右着自己的人，说到底是因为失去了自己，没有了自我，缺乏个体的独立性。

现代社会是一个多元化的社会，是一个去标签化的社会，也是一个呼唤标签化的社会。各种不同的思想、不同的观点、不同的文化及不同的制度，都在进行着交流、碰撞和融合。泾渭分明的森严壁垒正在被打破，世界进入了碎片化时代，也进入了一个共融共通共生共存的时代。

个体的独立性正在慢慢消失，“这一个”正在慢慢变成“这一类”。同一件事情，同一种工作，有很多人会做，也有很多人在做，稍有不慎，立即会被淘汰，被遗忘，被取代。小到个人，大到团体、企业，莫不如此。

我小的时候，方圆几个村只有一个草药医生，只有一个宰猪匠，只有一个修鞋匠……一旦需要相关的服务，只有上门去请，去等。人多的话还要排队，按排队的顺序一家一家地做。而现在，无论做什么事情，都有许许多多的人供你选择，你可以轻易地找到一个人帮你做任何事情，但是你又不知道谁最靠谱，谁是最好的。因为只有用过才知道，只有对比才清楚。

大街上各种各样的汽车，服装店里各类品牌的高中低档服装，如果去掉标签，去掉标志让你去挑选的话，费时费力不说，还不容易挑到最好的。而且品牌化产品不只是有产品质量的优势，还有服务和消费体验的优势。离开了标签化，这些隐藏在背后的价值都难以凸显，无法展现，也就无法影响到更多的人。

个人也是一样的，如果你自己没有标签化，没有品牌化，没有独特的个性，你和大街上任何一个人都没有明显的区别。尤其是当你的能力、贡献和个人作用可以被轻易代替时，你作为独特个体的“唯一性”将不复存在，价值也就无从谈起。

个性化是一个人区别于其他人的基础。打造个人 IP，就是要使自己的独特性得到最大程度的凸显，使自己的个体价值得到最大范围的认可。用一个物品，一种服务，甚至一个符号，传达出自己的独特性。

比如，爱迪生——电灯，老子——道德经，齐白石——虾，姚明——篮球，张艺谋——电影，庞中华——钢笔字，于丹——鸡汤文……

有的人什么事情都会做，但是什么都做不好，就如药店里的万金油一样，可以缓解很多的症状，却无法根治任何一种疾病。

专心做好一件事情，用时间来累积，用时间来打磨，是打造个人标签的必由之路。

认真分析现在爆红的各路大咖，无论是网络行业的还是其他行业的，无一不是在自己的领域内默默无闻地深耕十几年甚至几十年，才有现在的知名度与影响力。

无论是汤小小老师、咪蒙、罗胖、吴晓波，还是papi酱，没有多年的积累，爆红也只会是昙花一现。

那么，微商的个性化标签该如何打造呢？

首先要选准方向，既要与自己的兴趣相结合，也要与市场需求相结合，屠龙之技即使你修炼得再精深也是没有用处的。然而市场风向瞬息万变，每个人不可能随时去迎合人们的市场需求。但只要站在为了满足大多数人的需求，帮助人们解决生产生活中的困难和问题的立场上，为了让人们的生活更美好，无论在哪一个方面的深耕和累积，都是有机会、有价值的。

现在的社会上弥漫着速成、浮躁、走捷径、一夜暴富、快速成名等一些不良风气，如果你一味跟风，费时费力不说，还会虚度光阴，浪费精力，因过度消费而迅速被市场淘汰。

打造个人标签，需要精心努力，专心读书，在为人所不知的寂寞时光里十年磨一剑，一旦出手，所向披靡。

可是，一件商品的标签贴得过多，便无法凸显其主要价值；一个单位的牌子挂得过多，别人便不知道他是干什么的。一个人也一样，打造个人标签要少而精。

专注、专心、专业深耕，在很多人都浮躁地追逐热点、吸人眼球的时候，你默默地用心打造自己的独门绝技，那么当你运作某款产品时，别人就很难复制和追赶，因为时间的价值是无法超越的。

这就犹如某些传承百年老店，你无法复制，只能望洋兴叹。

案例

柴公子微信卖板鸭月销8万元

柴公子通过微信朋友圈卖板鸭，月销8万元。成功主要源自于他尊重每个朋友、多和好友互动、多分享趣事和干货，在微博、QQ空间、QQ签名上发布微信号进行推广，当然还有其他原因。

个人品牌：做销售，首先要把自己推销出去。你的微信不能只发产品的宣传内容，还要把你的个人生活、生活感悟等其他内容进行分享，让人家知道这个微信后面的是一个怎么样的人。你分享的东西必须是正面的、积极的、正能量的，塑造你的个人品牌。

情感策略：客户知道了你是一个怎样的人，对你产生了好感，这个时候你就可以充分利用客户对你的好印象进行一些产品推销，要慢慢地、循序渐进，不要一天发很多产品的宣传消息，这样很容易让别人反感。

分享战术：当朋友购买了你的产品之后，你要第一时间分享出去，让客户看到有这么多人购买，并且还有不错的购物体验。分享时尽量要把订单信息、对话内容截图放上去，显得更真实。

互动环节：在朋友圈里，你要让好友知道你的存在，如好友发了一些不错的内容或信息，你要给予评论，如果不知道评论什么至少也要点一个赞。其实发微信的朋友，无非是想知道有多少人在关注他，如果你经常和人家互动，大家自然会对你产生好感，这是非常重要的一点。

7.2　人人都可以成为微商明星

“敢为天下先”是成为微商明星的基础条件，主要包括以下方面：

第一，做别人想不到的事；

第二，做别人不敢想的事；

第三，做别人不敢做的事。

反过来说，如果你做的事情和其他微商做的事情一模一样，那么你最终得到的结果和其他微商也会相差无几。

7.2.1　提升整体形象

如果你今天做微商用的仍是昨天的方法、系统和策略，完全没有一点创新，可能做出来的结果你自己都不满意，又怎能期望会有一个更好的结果呢？

那么，如何才能达成自己的目标和愿望呢？

首先要通过提升整体形象，把自己打造成微商明星。这样你才能用自己的气场和磁场吸引目标客户，获得代理商的信任，进而把产品销售出去，真正把微商事业做强做大。

想要做赚钱的微商，就要敢为天下先，就要先成为微商明星。。

7.2.2　打造个性标签

你的整体形象提升之后，接下来要打造自己的个性标签，让客户牢牢地记住你。

你可以给自己设计一个叫得响的专业昵称。

比如，你卖的是食品，将自己的微信昵称取名为“张胖子”。当客户看到“张胖子”这个昵称时，会是什么感觉？

从个人角度来说，我看到“胖子”，通常会联想到大汗淋漓的人，会联想到手工作坊。如果将昵称改成“××食神”，就比“张胖子”感觉好一些。

微商昵称的专业化设定，要基于两点：一让客户很容易记住，二易于传播扩散。最重要的是，能让客户对你产生一个好的印象。

假如你是做奢侈品代购的，微信昵称可以取为“奢侈品女王”“××空中飞人”“海归女神”等。这种昵称会让客户一看便知你是海归一族，更容易相信你代购的实力和货源渠道。

假如你是卖面膜的，微信昵称可以取为“面膜先生”“面膜盟主”“护肤专家”。这样的专业昵称，能让目标客户更容易对你产生信任，从而产生购买行为。

由此可见，一个微商的微信昵称设计非常关键，要有视觉冲击力和可传播性。如果客户连你的专业昵称都记不住，怎么可能会信任你，购买你的产品呢？

另外，在微信朋友圈中，有一种微信名称叫作“A号一族”。所谓的“A号一族”，就是在自己的微信昵称前加上一个或几个大写的字母“A”，让自己的昵称在好友通讯录中排到前列。

需要注意的是，当一个人的微信好友达到5000人的上限时，基本上都会把做微商推广的人删掉一些。

7.2.3 打造职业副标签

所谓职业副标签，就是让客户深深地记住你的微信定位。比如我的微信定位为“微商之神”，同时，还有一个定位叫“零成本营销创始人”。你的微信昵称也可以用“护肤导师”“功效面膜专家”“××学说创始人”“××团队创始人”这样的职业定位。运用焦点法则，由点到面，才能逐步做大做强。

7.2.4　打造视觉副标签

所谓的视觉副标签，就是让客户感到你是非常专业的，通过视觉识别，增强客户对你的信任感。比如，当一个公司要上市的时候，这家公司的名片是不是有标准的模板？是不是有自己公司的视觉传达系统？

仔细观察，你就会发现，上市公司每一间办公室门上的标签都是一样的，并且公司员工用的每一个信封、每一张信纸以及其他工具，上面的视觉传达都是有标准的而一致的，这些都可以称作视觉识别。

虽然你今天只是一个小小的微商，但你要像经营一个上市公司那样去打造自己的微商视觉标签。

很多微商都有自己的团队标识、团队口号、团队聊天背景图片等一整套视觉识别系统。我们认为，大部分代理商倾向于选择和这样系统非常完善、工作十分专业的微商团队合作。

案例

疯狂猜图：微信朋友圈传播爆红

“疯狂猜图”在 2013 年 5 月 13 日上线，最初的 10 多天并未被游戏下载用户所关注，直到 2013 年 5 月 23 号到 27 号，才被用户关注。短短四五天时间，获得了 40000 点击量。由于在微信群中口口相传，该游戏此后被广泛下载。这款游戏之所以能迅速获得用户关注，除了利用朋友圈的影响力之外，再就是游戏本身以及对目标人群的准确定位。因为这款游戏的内容完全来源于大众化的生活常识，尤其跟社会的热点相关联，一方面游戏比较轻松，另一方面也能足够引起人们的兴趣。

值得一提的是，“疯狂猜图”可以把 App 上的游戏状态发送到微信上，微信好友看到后，点击链接就可以在网页端上继续玩。而这背后的技术并不复杂，由于微信支持网页的打开，仅仅需要开发一个客户端版本和一个网页版本就可以实现两个版本的互通。

第8章　打造自己的微商团队

8.1　团队建设

团队建设是指，为了实现团队绩效及产出最大化而进行的一系列结构设计，及人员激励等团队优化行为。

团队建设应该是一个有效的沟通过程。在该过程中，参与者和推进者都会彼此增进信任、坦诚相对，愿意探索影响工作小组发挥显著作用的核心问题。

8.1.1　团队精神

简单来说，团队精神就是大局意识、协作精神和服务精神的集中体现。团队精神的基础是尊重个人的兴趣和成就。核心是协同合作，最高境界是全体成员的向心力、凝聚力，也就是个体利益和整体利益的统一从而推动团队的高效率运转。团队精神的形成并不要求团队成员牺牲自我，相反，突出个性、表现特长保证了成员共同完成任务目标，而明确的协作意愿和协作方式是提升团队整体力量的真正的内心动力。没有良好的从业心态和奉献精神，就不会有团队精神。

团队精神与群体、集体主义的区别在于，团队精神更强调个人的主动性，团队是由员工和管理层组成的一个共同体，该共同体合理利用每一个成员的知识和技能协同工作，解决问题，达到共同的目标；集体主义则强调大家共同性。二者具体区别如下：

①领导方面：群体应该有明确的领导人；团队可能就不一样，尤其团队发展到成熟阶段，成员共享决策权。

②目标方面：群体的目标必须跟组织保持一致，但团队中除了这点之外，还可以拥有自己的目标。

③协作方面：群体的协作性可能是中等程度的，有时成员还有些消极，有些对立；但团队中是一种齐心协力的状态。

④责任方面：群体的领导者要负很大责任；而团队中除了领导者要负责之外，每一位成员也要负责，甚至要一起相互作用，共同负责。

⑤技能方面：群体成员的技能可能是不同的，也可能是相同的；而团队成员的技能是相互补充的，把不同知识、技能和经验的人综合在一起，形成角色互补，从而达到整个团队的有效组合。

⑥结果方面：群体的绩效是每一个个体的绩效相加之和，团队的结果或绩效是由大家共同合作完成的产品。

团队精神包含凝聚力、诚实正直、眼光长远、承诺价值创造等，它使团队成员处在一个命运共同体中，共享收益，共担风险。

8.1.2 团队目标

确立团队发展目标，是有效的激励措施，是团队克服困难、取得胜利的前提条件。如果一个人看清了团队的未来发展目标，并认为随着团队目标的实现，自己可以从中获取可观利益，无疑会更有工作动力。

我们设定明确的团队发展目标，可以遵循以下五个步骤：

①团队的目标达成一致。团队动态取决于团队需要实现的目标，和每名团队成员的个性。

②让团队专注于核心优先事项，从而由外向内形成统一。

③团队应该利用主要贡献列表制定一份任务明细，言简意赅地陈述团队为哪些工作而存在。

④团队任务明确之后，就要列出紧要事项清单——确定团队必须完成的工作和团队成员实现核心目标所必需的互动方式。

⑤利用团队的任务和紧要事项清单来界定参与规则。

8.1.3　团队建设的几个阶段

（1）形成阶段

本阶段是指团队确定其任务宗旨，并且被团队成员广泛接受的过程。该阶段，团队成员第一次被告知，意味着团队的成立。而且，团队成员也都大致了解团队成立的原因、使命和任务。在团队组建的初期，企业内部的职能部门与团队的关系是非常密切的。

（2）锤炼阶段

在该阶段，团队成员们开始逐步熟悉和适应团队工作的方式，并且确定各自的存在价值。在这个阶段，矛盾会层出不穷，主要包括团队成员之间的矛盾、负责人的矛盾，还有团队规则与企业规则之间的矛盾。这期间最好让矛盾和分歧充分地暴露，将各种冲突公开化，并且学会倾听，理解和调整。

（3）规范阶段

经过锤炼期后，团队逐渐平静下来，走向规范。那么该阶段的主要任务就是协调成员之间的矛盾和竞争关系，建立起流畅的合作模式。要让成员们意识到，团队的决策过程是大家共同参与的，应当充分尊重各自的差异，重视互相之间的依赖关系。合作成为团队合作的基本规范，而这时团队应该不断充实自我，努力让自己的团队成为学习型团队。

（4）运作阶段

团队成员们开始忠实于自己的团队，并且减少了对上级领导的依赖。

成员们相互鼓励，积极提出自己的意见和建议，也对别人提出的意见和建议，给出积极评价和迅速反馈。

要认识到团队的每一个阶段都是有机联系的，不能把每个阶段分裂开来看要建造一个高效的团队，作为一个管理者，在每个阶段都不能掉以轻心。只有在整个过程中抓好每一个环节的工作，才有可能建起一个好的团队。

建设微商团队需要注意以下几个方面：

人才是团队最宝贵的资源。热忱投入、出色完成本职工作的人，是团队最宝贵的资源和资本。

为优秀的成员创造一个和谐、富有激情的工作氛围，是上至企业下至负责人一切工作的核心和重点。

尊重每一个成员的个性、意愿，及其选择权，所有成员在人格上人人平等，在发展机会面前人人平等，为成员提供质量良好的产品，营造和谐的团队氛围，倡导简单真诚的人际关系。

建立责、权、利相统一的团队管理机制，打造自己的管理团队，是团队人才理念的具体体现；持续培养专业的富有激情和创造力的队伍，让每一个成员都成长为全面发展、能够独当一面的综合性人才，是团队的一项重要使命。在团队运行过程中，要确定谁适合从事何种关键任务，以及谁对关键任务承担何种责任，以使权责清晰，延续交叉。

倡导健康充实的人生，工作不仅仅是谋生的手段，本身应该能够给我们带来快乐和成就感，在工作之外鼓励所有成员追求身心健康、家庭和谐，及个人生活的极大丰富。

学习是一种生活方式。每一位成员都应以空杯的心态，培养自己的学习能力，迅速提升各方面技能和综合素质。我们鼓励各种形式的沟通，提倡信息共享，反对黑箱操作，反对任何形式的官僚主义。

认真研究和设计团队薪酬体系，使其具有吸引力，薪酬水平随贡献水平的变化而变化，但不受人员增加的限制，即能够保证按贡献付酬和不因人员增加而降低薪酬水平。

8.1.4　团队建设的核心法则

①听话照做，不折不扣，立即执行。

②全力以赴，成功与借口不能并存。

③使命意识，工作是为使命而非金钱。

④珍惜所有并抱持感恩之心。

⑤倾听，专注于听得进、听得懂。

⑥团队精神，没有完美的个人，只有完美的团队，忠诚是最大的美德。

⑦考虑周全，而后行动，避免不必要的失误。

⑧言行一致，实事求是，说到做到。

⑨注重形象，为成功而穿着，为胜利而打扮。

⑩认真、用心、努力、负责任凡事都应该遵循的原则。

⑪摈除负面消极情绪，专注于正面积极。

⑫绝对服从，铁打的团队，铁打的纪律。

⑬别人讲话不插嘴，尊重别人就是尊重自己。

在团队建设中，搭建合理的团队组织结构，注重团队成员的性格特点，实现优势互补，减少团队内耗，可以进一步发挥团队的整体水平。

团队组织结构的合理与否，将直接影响团队的成败，进而决定企业的成败。

现在一种新兴的团队建设方式——体验式团队建设，以一种独特而有内涵的方式着手，终极目的是实现梦想，拓展心灵空间，同时加强团队凝聚力，达到每个成员与团队之间的一种融合。这种方式更加注重团队成员的参与性、亲历性，追求过程的内涵性，其中包括精神内涵与文化内涵。

8.2 团队管理

团队管理是指，在一个组织中，依成员的工作性质、能力组成各种小组，参与组织各项活动、解决问题等事务，以提高组织生产力和达成组织目标。基本上，小组是组织的基本单位。若是成员能力具有互补性，形成异质性团队，其效果较佳，因为可从不同角度讨论，激发更有创意的解决方式。

团队成员数量可在 2—25 人之间，10 人最佳。

史东和傅立曼（James A. F. Stone & R. Edward Freeman）提出团队建立有两种主要形式：管理人员和部属所组成的永久性团队，称为家庭式小组；为解决某一特定问题而组成的临时性团队，称为特定式小组。

后者可以说是一种临时性或任务性的组织，一旦问题解决，可能就解散了。一般而言，团队建立要能成功，必须具有下列要件：小组成立有其自然的原因；小组成员之经验和能力彼此能够相互依赖；小组成员之地位和身份最好相当，不能相差太大；小组的沟通必须具有开放性，才能实现有效沟通，以利于问题的解决。

团队管理乃是运用成员专长，鼓励成员参与及相互合作，致力于组织发展，可以说是一种合作式管理或者参与式管理。随着组织工作的复杂性日益增多，很多工作难以靠个人独立完成，必须有赖于团队合作才能发挥力量，所以团队管理有时代需求性，要根据具体需求成功实现各种不同功能的团队管理。因此，组织者若能善用团队管理，对于激发成员潜能、协助问题解决、增进成员组织认同、提升组织效率与效能，具有一定的功能。

在团队管理中，如何提高成员沟通技巧、增进凝聚力，是关键问题。那种认为所有的团队都是好的，成员在一起就是一种团队、彼此会相互喜欢等观点，都是不务实的。

为实现团队管理的效果，每位成员须先了解小组目标与使命及个人角色和责任；其次要了解如何完成小组任务，最后要能积极投入其中促成目标的实现。

由于沟通在团队管理扮演着相当重要角色，如能事先举办讲习会，建立成员有效沟通技巧，更可使团队管理有良好效果。只有在一个开放、顺畅的环境下，我们才能更好地管理团队。

8.3　团队文化

提起团队管理和团队文化，很多专家就把规范和归属感说得震天响，实际上，中国市场还相对脆弱，我们必须抛弃国外的团队文化管理模式，按照中国的市场环境、社会环境和文化环境思考问题，打造适合自己的团队文化。

“有人的地方就有江湖”，江湖气息自然成为中国团队文化的特色。

那么，团队需要江湖气吗？

首先我们必须明确概念：什么是江湖气？所谓江湖气，就是人际关系中最简单、最原始的论资排辈、同甘共苦思想，是为达到目的而使用各种手段的竞争文化，更是中国老百姓一直默许的“义气”和“强者生存之道”。

比如《三国演义》中，刘备、张飞、关羽、赵云、诸葛亮等人组成的蜀国就是一个团队，更是一个充满江湖气息的帮派。刘关张唯刘备马首是瞻，后来诸葛亮的加入打破了这一平衡。老大就是老大，一声令下，要人给人，要权给权，要资源给资源，才有诸葛亮火烧新野、博望坡、赤壁，最终建立蜀国的神话。

刘备被认为是当之无愧的管理奇才，三顾茅庐可见求贤若渴，知人善用方能纵横捭阖。张飞、关羽并非不是能人，但是“刘备坐着他们站着、刘备吃着他们看着”，在那样一个诞生英雄的时代，三驾马车稳步前行。

管理的真谛就是正确的决策和 100% 的服从意识，刘备给了我们最好的启示。谁说团伙就是贬义，如果企业董事长没有核心骨干，估计这个董事长就离下野不远了。今天的管理团队，如果各怀心思，尔虞我诈，注定了团队不能走多远。

你是张飞，是关羽，还是赵云？跟着老大就要绝对服从。你是魏延，还是诸葛？自立山头同样需要机缘，创业肯定是大势所趋，但是别小看了你的老板，而且还要永远感谢带你入行的老板或者前辈。

江湖气息的另外一层含义是，为达目的使用最合适的手段。你的经销商由于各种原因暗自经营竞争对手的产品，甚至粗制滥造你的“品牌产品”，按照规范市场的处理方式，你对其下达通牒、去法院起诉或者直接断货，但受损失的还是你自己、厂家，甚至使渠道和品牌遭受灭顶之灾。最后，你使用了具有中国特色的解决办法，找具有一定分量的中间人来调解。第二天，经销商上门赔罪，事情圆满解决。

现在年轻人的人生宣言“不主动、不拒绝、不负责”，一样适合于团队管理。存在就是道理，合适就是生命力！企业今年想如何发展，有什么规划？老总对团队有什么期望和看法？成员怎样看待团队管理者？一个个问题成为团队成员的心结。

一个开放的企业、一个优秀的团队，自然会提供良好的沟通平台。当然，这个平台不是中国20世纪80年代的“厂长经理信箱”，从建厂到倒闭就从来没有开启过。在网络时代，沟通是一种必然，也是一种艺术。诚然，一个团队要实现100%沟通还是有障碍和问题的，尤其是大企业。但是幸好网络有一个最大的特点，就是沟通和互动性。

今天，很多大型企业都设立了经销商专区，使经销商能够和企业进行资料获取和信息交流，但是这还远远不够。一个现代化的团队必须要自问是否进行了如下沟通：

成员是否知道管理者的手机号码？

团队是否每周或每月有沟通见面会？

修改团队制度或者处理重大事情，核心骨干之间是否能做到无障碍交流？

企业和供应商、经销商之间是否有管理终端或者某种沟通平台？骨干之间是否有咖啡厅、茶馆或者郊游途中或者某一方的家中等其他沟通场所？

下级代理是否有主动沟通的习惯？（下属会主动给你发邮件汇报工作进展或者主动请缨要任务）

当团队内部对某件事情抱有重大异议时，是否有人为了团队利益由衷地做出牺牲个人利益的退让？

个人出现工作之外的困难或者重大变故，团队会不会成为你最有力的支撑？

企业出现困难，团队会不会协调一致，共渡难关？

对照自己的团队，如果符合 8 条以上，你的团队就是良性的，是开放型的、紧密型的；相反，如果只有 5 条以下符合，你的团队沟通和凝聚力可能就有问题了。

松下前总裁松下幸之助就是一个善于沟通的高手。他在公司时，每天都去工厂和车间，而且能叫出每个员工的名字。如此高明的沟通手段使只有小学水平的他管理着 3000 名硕士和博士，也使松下集团成为世界最知名的公司之一。

一个企业的发展有三种重要力量：学习的力量、团队的力量和品牌的力量，这些都是依靠人来完成的，这也是营销力的核心。

8.4　激励理论

激励理论是指通过特定的方法与管理体系，将员工对组织及工作的承诺得以最大限度地实现的过程。激励理论是关于如何满足人的各种需要、调动人的积极性的原则和方法的概括总结。激励的目的在于激发人的正确行为动机，调动人的积极性和创造性，以充分发挥人的智力效应，做出最大成绩。

管理心理学把激励看成是“持续激发动机的心理过程”。激励水平越高，完成目标的努力程度和满意度就越高，工作效能也越高；反之，激励水平越低，则缺乏完成组织目标的动机，工作效率也越低。

自20世纪二三十年代以来，国外许多管理学家、心理学家和社会学家结合现代管理的实践，提出了许多激励理论。这些理论按照形成时间及其所研究侧面的不同，可分为行为主义激励理论、认知派激励理论和综合型激励理论三大类。

激励理论是管理心理学的范畴。早期的激励理论研究是对于“需要”的研究，回答了以什么为基础、根据什么才能激发调动起员工工作积极性的问题，包括马斯洛的需要层次论、赫茨伯格的双因素论和麦克利兰的成就需要激励理论等。

最具代表性的马斯洛需要层次论就提出，人类的需要是有等级层次的，从最低级的需要逐级向最高级的需要发展。需要按其重要性依次排列为生理需要、安全需要、归属与爱的需要、尊重需要和自我实现需要；并且提出当某一级的需要获得满足以后，这种需要便中止了它的激励作用。

激励理论中的过程学派认为，通过满足人的需要实现组织的目标有一个过程，即需要通过制订一定的目标影响人们的需要，从而激发人的行动，包括弗罗姆的期望理论、洛克和休斯的目标设置理论、波特和劳勒的综合激励模式、亚当斯的公平理论、斯金纳的强化理论等。

8.4.1 内容型激励理论

内容型激励理论是指，针对激励的原因与起激励作用的因素的具体内容进行研究的理论。这种理论着眼于满足人们需要的内容，即人们需要什么就满足什么，从而激起人们的动机。

内容型激励理论重点研究激发动机的诱因，主要包括马斯洛的需要层次论、赫茨伯格的双因素论和麦克利兰的成就需要激励理论、奥德弗的ERG

理论等。

（1）需要层次理论

1943 年，亚伯拉罕·马斯洛初次提出需要层次理论；1954 年，他在《激励与个性》一书中又把人的需要层次发展为七个，由低到高依次为：生理的需要、安全的需要、友爱与归属的需要、尊重的需要、求知的需要、求美的需要和自我实现的需要。

马斯洛认为，只有低层次的需要得到部分满足以后，高层次的需要才有可能成为行为的重要决定因素。七种需要是按次序逐级上升的。当下一级需要获得基本满足以后，追求上一级的需要就成了驱动行为的动力。但这种需要层次逐渐上升并不是遵照“全”或“无”的规律，即一种需要 100% 的满足后，另一种需要才会出现。事实上，社会中的大多数人在正常的情况下，他们的每种基本需要都是部分地得到满足。

马斯洛把七种基本需要分为高、低两级，其中生理需要、安全需要、社交需要属于低级的需要，这些需要通过外部条件使人得到满足，如借助于工资收入满足生理需要，借助于法律制度满足安全需要等；尊重需要、自我实现的需要是高级的需要，它们是从内部使人得到满足的，而且一个人对尊重和自我实现的需要，是永远不会感到完全满足的。高层次的需要比低层次需要更有价值，人的需要结构是动态的、发展变化的。因此，通过满足职工的高级需要来调动其生产积极性，具有更稳定，更持久的力量。

（2）双因素论

双因素理论是由美国行为科学家弗雷德里克·赫茨伯格提出来的，又称保健因素理论。

20 世纪 50 年代末期，赫茨伯格和他的助手们在美国匹兹堡地区对两百名工程师、会计师进行调查访问。访问主要围绕两个问题进行：在工作中，哪些事项是让他们感到满意的，并估计这种积极情绪持续多长时间；又有哪些事项是让他们感到不满意的，并估计这种消极情绪持续多长时间。

赫茨伯格以对这些问题的回答为材料，着手研究哪些事情使人们在工作中快乐和满足，哪些事情造成不愉快和不满足。

结果表明，使职工感到满意的都是属于工作本身或工作内容方面的；使职工感到不满的，都是属于工作环境或工作关系方面的。他把前者叫作激励因素，后者叫作保健因素。

保健因素的满足对职工产生的效果类似于卫生保健对身体健康所起的作用。保健从人的环境中消除有害于健康的事物，它不能直接提高健康水平，但有预防疾病的效果；它不是治疗性的，而是预防性的。保健因素包括公司政策、管理措施、监督、人际关系、物质工作条件、工资、福利等。当这些因素恶化到人们可接受的水平之下时，就会产生对工作的不满。当人们认为这些因素很好时，它只是消除了不满，并不会导致积极的态度，这就形成了某种既非满意，又非不满的中性状态。

那些能带来积极态度、满意和激励作用的因素叫作激励因素，这是那些能满足个人自我实现需要的因素，包括：成就、赏识、挑战性的工作、增加的工作责任，以及成长和发展的机会。如果这些因素具备了，就能对人们产生更大的激励。从这个意义出发，赫茨伯格认为传统的激励假设，如工资刺激、人际关系的改善、提供良好的工作条件等，都不会产生更大的激励；它们能消除不满意，防止问题的产生，但这些传统的激励因素即使达到最佳程度，也不会产生积极的激励。按照赫茨伯格的意见，管理者应该认识到保健因素是必需的，不过它一旦使不满意中和以后，就不能产生更积极的效果。只有激励因素才能使人们有更好的工作成绩。

赫茨伯格及其同事此后又对各种工业组织进行了多次调查。他们发现，虽然因调查对象和条件的不同，各种因素的归属有所差别，但总的来看，激励因素基本上都是属于工作本身或工作内容的，保健因素基本都是属于工作环境和工作关系的。但是，赫茨伯格注意到，激励因素和保健因素都有若干重叠现象，如赏识属于激励因素，基本上起积极作用；但当没有受到赏识时，又可能起消极作用，这时又表现为保健因素。工资是保健因素，但有时也能产生使职工满意的结果。

赫茨伯格的双因素理论同马斯洛的需要层次论有相似之处。他提出的保健因素相当于马斯洛提出的生理需要、安全需要、感情需要等较低级的需要；激励因素则相当于受人尊敬的需要、自我实现的需要等较高级的需要。当然，他们的具体分析和解释是不同的。但是，这两种理论都没有把“个人需要的满足”同“组织目标的达到”这两点联系起来。

有些西方行为科学家对赫茨伯格的双因素理论的正确性表示怀疑。有人做了许多试验，也未能证实这个理论。赫茨怕格及其同事所做的试验，在很多行为科学家看来是他们所采用方法本身的产物：人们总是把好的结果归结于自己的努力，而把不好的结果归罪于客观条件或他人身上，问卷没有考虑这种一般的心理状态。

另外，被调查对象的代表性也不够，因为人们对激励因素和保健因素的反应因职业、阶层而异。

实践还证明，较高的工作满意度未必能产生高度激励。许多行为科学家认为，不论是有关工作环境还是工作内容的因素，都可能产生激励作用，而且不仅是使职工感到满足，这取决于环境和职工心理方面的许多条件。

但是，双因素理论促使企业管理人员意识到工作内容方面因素的重要性，特别是它们同工作丰富化和工作满足的关系，因此是有积极意义的。赫茨伯格告诉我们，满足各种需要所引起的激励深度和效果是不一样的。物质需求的满足是必要的，没有它会导致不满，但是即使获得满足，它的作用往往是很有限的、不能持久的。要调动人的积极性，不仅要注意物质利益和工作条件等外部因素，更重要的是要注意工作的安排，量才录用，各得其所，注意对人进行精神鼓励，给予表扬和认可，注意给人以成长、发展、晋升的机会。随着温饱问题的解决，这种内在激励的重要性越来越明显。

双因素理论强调：并非任何需要的满足都能激发人的积极性。只有当那些被称为激励因素的需要得到满足时，人的积极性才能最大限度地发挥出来。缺乏激励因素，并不会引起很大的不满；而保健因素的缺乏，将引起很大的不满。然而，具备了保健因素，也未必会激发强烈的动机。赫茨伯格还明确指出：在缺乏保健因素的情况下，激励因素的作用也不大。

（3）成就需要理论

成就需要理论也称激励需要理论，20 世纪 50 年代初期，美国哈佛大学的心理学家戴维·麦克利兰集中研究了人在生理和安全需要得到满足后的需要状况，特别对人的成就需要进行了大量的研究，从而提出了一种新的内容型激励理论。

麦克利兰认为，在人的生存需要基本得到满足的前提下，成就需要、权利需要和合群需要是人的最主要的三种需要。成就需要的高低对个人或企业的发展具有极其重要的作用。该理论将成就需要定义为：根据适当的目标追求卓越、争取成功的一种内驱力。

该理论认为，有成就需要的人，对胜任和成功有强烈的要求，同样，他们也担心失败，他们乐意甚至热衷于接受挑战，往往为自己树立有一定难度而又不是高不可攀的目标，他们敢于冒险，又能以现实的态度应对风险，绝不以迷信和侥幸心理对付未来，而是善于问题分析和评估。他们愿意承担个人责任，同时也希望得到对于工作状况明确、迅速的反馈。这类人一般不常休息，喜欢长时间工作，遇到失败也不会过于沮丧。一般来说，他们喜欢表现自己。成就需要强烈的人事业心强，喜欢那些能发挥其独立解决问题能力的环境。在管理中，只要对他提供合适的环境，他就会充分发挥发挥自己的能力。权利需要较强的人有责任感，愿意承担需要的竞争，并且能够取得较高的社会地位的工作，喜欢影响别人。

该理论还认为，具有归属和社交需要的人，通常从友爱、情谊、人与人之间的社会交往中得到欢乐和满足，并总是设法避免因被某个组织或社会团体拒之门外而带来的痛苦。他们喜欢保持一种融洽的社会关系，享受亲密无间和相互谅解的乐趣，随时准备安慰和帮助危难中的伙伴。合群需要是人们追求他人的接纳和友谊的欲望。合群需要欲望强烈的人渴望获得他人赞同，高度服从群体规范，忠实可靠。

成就需要理论的主要特点是：更侧重于对高层次管理中被管理者的研

究。由于这一特点，成就需要理论对于企业管理以外的科研管理、干部管理等具有较大的实际意义。

8.4.2　过程激励理论

过程型激励理论重点研究从动机的产生到采取行动的心理过程。主要包括期望理论、激励力量理论、目标激励理论和公平理论等。

（1）期望理论

这是心理学家维克多提出的理论。该理论认为，人们之所以采取某种行为，是因为他觉得这种行为可以有把握地获得对自己有足够价值的某种结果。换言之，动机激励水平取决于人们认为在多大程度上人们可以期望达到预计的结果，以及人们判断自己的努力对于个人需要的满足是否有意义。

（2）公平理论

公平理论又称社会比较理论，是美国行为科学家亚当斯在《工人关于工资不公平的内心冲突同其生产率的关系》《工资不公平对工作质量的影响》《社会交换中的不公平》等著作中提出来的一种激励理论。

该理论侧重于研究工资报酬分配的合理性、公平性及其对职工生产积极性的影响。

（3）行为后果理论

行为后果激励理论是以行为后果为对象，研究对行为进行后续激励的一种理论。这一理论包括强化理论和归因理论。

①强化理论，由美国心理学家和行为科学家斯金纳等人提出，它是以学习的强化原则为基础的关于理解和修正人的行为的一种学说。所谓强化，从其最基本的形式来讲，指的是对一种行为的肯定或否定的后果（报酬或惩罚），它至少在一定程度上会决定这种行为在今后是否会重复发生。

根据性质和目的，强化可分为正强化和负强化。在管理上，正强化就是对组织上需要的行为加以奖励，从而加强这种行为。负强化不同于惩罚，惩罚是对错误行为采取的一些使人受挫的措施；负强化是告知人们某种行为是不可取的，出现这种行为会受到某种惩罚，从而削弱这种行为。

②归因理论，由美国心理学家海德于1958年提出，后因美国心理学家韦纳及其同事的研究而再次活跃起来。

归因理论是探讨人们行为成因和分析因果关系的各种理论、方法的总称，侧重于研究个人用以解释其行为原因的认知过程，即研究人的行为受到激励是“因为什么”的问题。

（4）综合激励理论

综合激励理论的代表者是美国心理学家和管理学家波特和劳勒，他们于1968年提出一个“综合激励模型”。

综合激励理论吸收了需要理论、期望理论和公平理论的成果，理论依据更为全面、更为完善。

8.5 团队竞争力

8.5.1 团队竞争力的定义

团队竞争力是指在竞争性的市场中，一个团队所具有的能够比其他团队更有效地向市场提供产品和服务，并获得赢利和自身发展的综合素质。

团队竞争力分为三个层面：

第一个层面是产品层，包括产品生产及质量、成本控制能力，团队的服务、营销、研发能力；

第二个层面是制度层，包括各经营管理要素组成的结构平台、团队内外部环境、资源关系、团队运行机制、团队规模、品牌、团队产权制度；

第三个层面是核心层，包括以团队理念、团队价值观为核心的团队文化，团队形象，团队创新能力，团队特色，财务系统，团队发展目标。

第一层面是表层的竞争力，第二层面是支持平台的竞争力，第三层面是最核心的竞争力。从中我们可以看出，团队文化对于增强竞争力的重要作用。

8.5.2　团队竞争力的来源

（1）价格及成本

消费者是理性经济人，价格是影响消费者选择某一产品的重要因素，即商品存在着价格需求弹性系数的差异。相同的产品在同一市场上，在其他因素相同的条件下，价格较低就具有较高的竞争力。微观经济在分析中以现实生活中的普遍事实为依据，假定商品销售量是随价格的下降而上升。因此，同类但不同品牌的产品，在同一市场上销售价格的高低，是团队竞争力的来源之一。

成本高低是决定产品价格的基础，同时也决定产品是否具有价格竞争优势和获利能力。无论从消费者选择角度还是团队获利的角度，成本优势都是团队竞争力的基础来源。尽管算不上强大竞争作用力，但处于低成本的团队更能吸引消费者对其产品的选择倾向，同时该团队可以获得高于产业平均水平的收益。

福特汽车公司在 20 世纪初异军突起，成为世界汽车业的领袖，就是因为它引入流水线生产，使成本大幅度下降，每台汽车价格从原来的 900 美元下降到 360 美元。结果，该公司销量从 1909 年的 58000 辆直线上升至 1916 年 730000 辆。日本汽车在 20 世纪 70 年代崛起也离不开成本优势。反观中国汽车业国际竞争力不足，其重要原因之一是缺乏成本优势。我们的每台轿车成本是发达国家的 6.8 倍。

进一步分析影响成本的因素，对探讨团队竞争力来源十分有益。波特认为，十种主要成本驱动因素决定了价值活动的成本行为，它们是：规模经济、学习、生产能力利用模式、联系、相互关系、整合、时机选择、自主政策地理位置和机构因素。

整体而言，影响产品成本的主要因素包括：①企业规模；②范围经济；③劳动生产率；④技术装备水平；⑤资本有机构成；⑥组织结构及管理控制水平；⑦业务运营成本；⑧战略联盟；⑨资源整合水平。

（2）产品质量

产品质量包括内在质量特性，如产品结构、性能、精度、纯度、物理性能、化学成分等；外部质量特性，如产品的外观、形状、色泽、手感、气味、光洁度等。

产品质量是由团队的工序质量和工作质量所决定的。

工序质量是指工序能够稳定地生产合格产品的能力；工作质量是指团队管理工作、技术工作和组织工作，对达到质量标准和提高产品质量的保证程度。

质量是团队竞争力来源的功能性要素。质量既是商品实现交换的最根本前提，也是团队实现价值的决定性因素。最坏条件下生产的商品，即劣等商品，只有在供不应求的情况下调节市场价值；最好条件下生产的商品，即优等商品，只有在供大于求的情况下调节市场价值。包括中国在内的绝大多数国家的市场现状是供大于求，因此商品的生产价格是由高质量商品所决定的。换言之，一个不向市场提供优质商品的团队是无竞争力可言的。

今天，国内外优秀公司将改进产品和服务质量视为重要的战略之一。日本企业在全球获得成功的主要原因是其产品具备高水准的质量。与此同时，大多数顾客已不能接受或容忍质量一般的产品。顾客越来越挑剔，团队想在竞争中获得并保持优势，必须开展全面质量管理（TQC）。全面质量管理是一个团队对再生产的全过程、产品和服务进行一种广泛有组织的管理，以不断提高商品质量。

美国通用电气公司董事长约翰·韦尔奇指出："质量是我们维护顾客忠诚度的最佳保证，是我们应对外国竞争力的武器，是我们保持增长和盈利的唯一途径。"只有生产优质的商品才能在世界市场上获得竞争优势，这促使许多国家设立国家质量奖，以鼓励那些代表最高质量实践的公司，充分发挥示范作用。

日本管理学家石川馨教授对质量管理下了一个很好的定义，“用最经济的方法生产用户满意产品的过程”。

（3）品牌

品牌是团队竞争力的重要来源。世界上优秀的公司在制造产品的同时，都拥有对品牌的创造、维持、保护和拓展的能力。美国市场营销协会对品牌所下的定义是：品牌是一种名称、术语、标记、符号或设计，或是它们的综合运用，其目的是借以辨认某个销售者或其产品与服务，并使之同竞争对手的产品和服务区别开来。IBM 电脑的核心部件都不是 IBM 公司自己生产的，但标有 IBM 的电脑却畅销全球，占有世界市场近 20% 的份额，其根本原因是 IBM 的巨大品牌信誉所致。

优秀品牌为公司提供了如下竞争优势：①由于其高水平的消费者品牌知晓和忠诚度，公司减少了营销成本；②由于该品牌有更高的认知品质，公司可比竞争者卖更高的价格；③由于该品牌有高信誉度，公司可更容易地开展品牌拓展；④在激烈的价格竞争中，品牌给公司提供了某些保护作用。

影响品牌的因素包括：①企业规模；②产品质量；③广告；④促销；⑤包装；⑥客户服务；⑦便利的销售渠道；⑧企业管理及变化。

品牌作为一种无形资产，对企业、微商团队、消费者和竞争者都产生相应的竞争优势。

开发一个著名品牌的产品需要长期的大量投资，广告投入是品牌培育的重要途径之一。

不同历史时期，每个国家某一新兴产业的崛起，都与一批著名品牌的产品成长密切相关。20 世纪初美国汽车产业崛起，与福特和通用分不开；80 年代日本汽车业在世界崛起，与丰田、三菱分不开；90 年代后期美国电子信息产业称霸世界，与 IBM、Intel、AT&T、Motorola、Apple 等一系列著名品牌分不开。

8.6 品牌故事

喜欢听故事是人的天性，我们从小就喜欢听大人们讲故事，长大了我们喜欢看小说、看电视剧、看电影，其实这些都是在听人给我们讲故事。总之，爱听故事是人类与生俱来的本性。

好莱坞经典影片《廊桥遗梦》中，男主角是环游世界的摄影师。他把自己在世界各地的奇遇和见闻讲给女主角听，最后女主角差点舍弃老公和孩子跟他私奔。这个故事告诉我们，会讲故事有多么重要。

做微商同样如此，一定要会讲品牌故事，品牌故事就像灵魂和肉体的关系，抛开品牌故事，任何一个品牌都只是一个简单的符号、标示而已。而且，面对今天越来越激烈的市场竞争、越来越同质化的商品，消费者对品牌的遗忘性大，选择性也大，只有拥有令人难忘的好故事，才能让自己的品牌永葆生机。不仅如此，一个好的故事，还可以帮助你快速打造品牌，并且收到迅速传播的效果。

比如曾刷爆朋友圈的Prada跳伞包的故事，感动了无数人，并使品牌获得了几百万的点击和转载，更为重要的是：企业没有为此花费一分钱的广告费。

这就是品牌故事的力量。

8.6.1 讲好品牌故事要遵循以下三点原则

（1）独特

你讲的故事一定要是别人没听过的，是属于你自己的故事。千万不要照抄照搬别人的故事，否则消费者不仅记不住，而且也不会相信。

（2）曲折

一定要有曲折的剧情，这样才能让人记住。比如，茅台酒一摔成名的故事：当时在巴拿马世博会上展出的国酒茅台，品质虽好，但卖相不佳，因此很长一段时间都无人问津。后来，一个现场的工作人员不小心打碎了一瓶茅台酒，顿时会场内酒香四溢，整个世博会里都充满了茅台酒的香气，从此茅台酒在世界上一举成名。

（3）升华

结尾处必见品牌升华。如果你只讲品牌，最后没有升华，人们会觉得你这个品牌很普通，你只有把品牌升华到一个高度，大家才会记住你，认同你。Prada 跳伞包的故事在最后说，“看似普通的一个包，其实代表着设计者，当年那永远错过的爱情”。这就是把品牌升华到了爱的高度。

8.6.2　好故事可以从以下三点来落地

（1）讲技术或原材料发明或发现的故事，比如可口可乐的神秘配方、云南白药的故事等；

（2）讲品牌创始人某段经历的故事，比如张瑞敏怒砸海尔不合格冰箱；

（3）品牌或企业在发展中所发生的经典故事，比如 LV 皮箱在沉没的泰坦尼克号上被找到，经历了 100 多年的海水浸泡，里面居然没有进水。

8.6.3　为了让故事能深入人心、以情动人，要明白以下两点

（1）品牌故事不是几句口号、广告语，它是一个朴实的故事，不需要炒作，但要唤醒消费者内心产生的共鸣，与你的品牌沟通；

（2）品牌故事要怀有感恩之心，不欺骗，不夸大。

只有真正为消费者考虑，才能获取消费者的信任。有的人可能会觉得，讲故事是大品牌的事，我一个小微商不需要讲什么故事。我说一个自己的经历。

有一次在广州，我去饭店吃烧鹅。那家饭店很小，但生意很好。那次刚好碰到他们的老板，他告诉我说：“小伙子，你知道吗？这个世界上只

有两种动物是不得癌的！一种是鲸鱼，一种就是鹅！多吃鹅吧，不得癌！”就这么一个简单的故事，我就记住了。以后不仅自己去吃，还经常带朋友一起去。

所以，这就告诉我们：讲故事，不是大企业独有的，微商也可以讲自己的故事。你的品牌故事讲得越好，你的生意也就会越好。你的品牌故事讲得越早，你就越早脱离市场竞争的红海。

在微商行业，品牌故事能促使在微商与顾客之间产生更深层次、更有意义的联系，帮助企业传达一种良好的购物体验，最终达到帮助顾客完成自我改善的目标。优秀的品牌故事还有利于提升微商企业的销量。

其实微商塑造自己的品牌故事并没那么复杂，可以按如下四个步骤来进行：

①分析你的客户都是谁。你的客户应该推动你的故事发展。想想他们是谁，激励他们的是什么，他们是如何使用你的产品的，为什么他们喜欢你的产品，而不是竞争对手的产品。想想你的产品能如何改善他们的生活或帮助他们创造难忘的记忆。

②策划组织推广活动。一旦知道自己的客户是谁并了解他们的动机，你就可以开始考虑策划一次推广活动。例如，你的产品是否想鼓励客户体验更多的冒险？它是以家庭为中心吗？它的目的是帮助人们变得更健康吗？想想你希望帮助客户实现什么目标，以及如何在你的朋友圈和营销方案中宣传这一理念。这一步其实就是创建一个独特的标签，客户可以通过该标签自然而然地联想到你的品牌和产品。

③不断收集铁杆粉丝的体验故事。一旦你的推广起到了作用，接下来就是最忠实客户该派上用场的时候了。随着他们不断与你的产品产生出新的记忆和体验，你的工作就是收集他们的故事，并鼓励客户与你分享新的故事。你可以请求客户通过微信或博客上发布你产品照片时加上你的主题标签，请求他们通过邮件将他们的照片和故事发送给你，你也可以请他们在你产品活动页面的评论区留下他们的想法。

④推广、推广、再推广。最后这一步，你真的应该花时间持续地做，那就是通过你的社交媒体渠道、线下地推和产品页面等来宣传你的故事。你的目标是要帮助不熟悉品牌或产品的新潜在客户更好地去了解，你是谁、客户为什么要选择你而不是另一个品牌。认真打磨你的故事并从你的客户那里收集故事是一回事，但为了从你的努力中获得一定的投资回报，你必须花时间在一些渠道分享它们，引导客户从你那购买。

8.6.4　打磨你的商业故事

如果有人问你，旅行时不想住酒店，而是想租住在别人的家里，你第一个想到的是哪家公司？

虽然有很多公司符合这个特点，但你第一个想到的绝对是 Airbnb。这是为什么呢？它并非最大的一家（实际上 HomeAway 每年的总预订量是它的两倍），也不是最为悠久的，它是新成立的。那是因为他们在行业中最会讲故事。

大多数度假租赁品牌都是从同样的角度进行营销：

"看我们上市了！"

"看我们入驻的城市可真多！"

"看我们是多受欢迎！"

毫无疑问，鉴于公司成立时间和收购，像 HomeAway 和 TripAdvisor 这样的公司在某些方面（如收入和上市数量）确实比 Airbnb 有优势。然而，当考虑增长速度时，在过去几年中，Airbnb 主导整个局面，扩张速度比大多数竞争对手加起来还快得多。这种高速增长是一系列因素的结果：时机、市场干扰、强大的领导力、智能商业模式、战略决策、极佳的 UX 体验等。他们成功的最重要因素之一可能是他们掌握了讲故事的技巧。

（1）什么才是好故事

商业中的讲故事不同于纯粹娱乐性的讲故事。找出你的差异化需要去正确地看待你的竞争对手和同行（即使你认为他们算不上是你的威胁）。他们使用什么样的故事和素材呢？在观众心目中你拥有什么独特之处呢？如果你不能精心打磨一个关键特征让自己从竞争对手中脱颖而出，最终你只会籍籍无名。

（2）与用户的需求产生共鸣，而不仅仅是服务于你的业务

无论是新的营销活动、网站重新设计还是产品创意，着手开展一个项目时必须要有目标。大多数时候，这个目标与推动销售、增加收入、提高客户参与度和保留率等业务密切相关。这些目标能确保你努力用在点子上，实现企业盈利。然而，这并不是唯一的重点。当业务目标优先于受众需求时，你的产品很难一直深得人心。品牌战略与设计的有趣关系在于，只有你将受众的需求放在首位时，才能实现长期的业务目标。

（3）关于一个大想法，而不是很多点子

当你给朋友或同事讲故事时，你会不由自主地思考所有想要分享的不同记忆碎片。公司在营销方面也经常采取相同的方法，用尽可能多的功能、优势和信息填充你的故事。然而，当你试图告诉别人一切时，最终他们什么也记不住。这就是为什么一个大想法是如此重要。这是品牌策略的核心：你希望人们记住的一个概念或想法。如果它能将你的业务与竞争对手区分开来，这个想法将潜力无限。

（4）要传达“为什么”，而不只是“是什么”

Steve Jobs是这方面的大师。在20世纪90年代末和21世纪初期，像戴尔、英特尔和索尼这样的品牌都生产了小巧的MP3播放器，并推出了很多强劲的功能，如数百兆的内存和炫酷的设计。与此同时，苹果公司的营销专注于“非同凡响”，与戴尔“Easy as Dell”和英特尔“Intel Inside”口号有很大不同。人们不仅需要这种求异思维，而且能与之产生共鸣，进而想要拥有这种产品。然后苹果推出了一个简单的故事，故事着眼于产品的整体体验：你的口袋里能装着1000首歌曲。这个故事不仅将产品推向了成功，而且改变了整个行业。

（5）展示一个真实可信的品牌，而不是徒有其表

如果品牌本身不是特别有魅力或有趣，即便进行美化粉饰，受众迟早也会知道真相，而且比一开始就告诉受众真相所带来的危害要大得多。比如大众汽车，古怪的汽车品牌总是做一些与众不同的事情。他们的故事似乎有点言过其实——一辆靠柴油驱动的酷车不会污染环境。然而其真相是，大众汽车的车载软件以显示较低的污染水平来掩盖了他们的燃料——这一举措最终给公司带来的数十亿美元的罚款以及严重的声誉损失。营销时的粉饰美化看起来像是值得一试的聪明方式，但如果你坚持真实可信的宣传，你的品牌更有可能吸引同类型的客户，最终能避免隐患。一个好的文案同样可以使你的品牌富有魅力和趣味。

（6）如何策划故事和品牌策略

以上几点看起来似乎很简单，但实施起来还是有难度的。如果你无从着手，或者你在打磨你的故事，可以尝试下面的方法和技巧。

①移情设计：思维从移情开始。通过头脑风暴受众的感受、影响力、任务、痛点和目标，移情可以帮助团队更好地了解用户。对每个客户群体中的典型用户重复此做法，然后思考如何让产品定位与其情感需求产生共鸣，而不是专注于产品功能和优点。

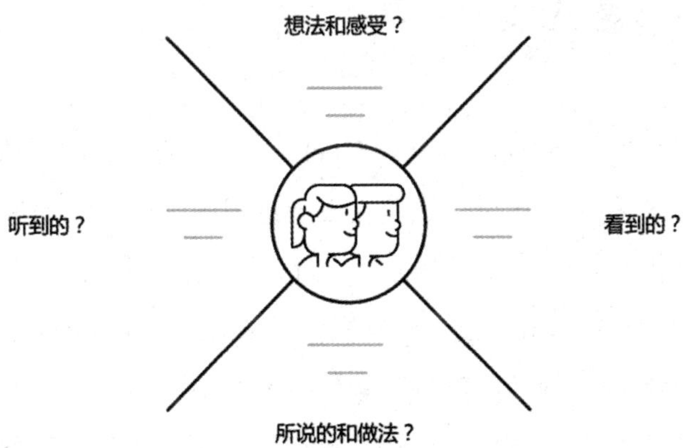

图 8–1　移情设计思维

②五个“Why”：这种技巧最初用于制造业，以探索潜在问题的真正原因。在UI/UX设计和讲故事中，它具有相同的优势。想一想为什么一个典型客户会选择购买你的产品。然后问五次“为什么”，来获得更深层的原因，这可能是品牌故事的主要卖点。例如：为什么有人购买项目管理工具？仅仅是为了更方便地管理多个产品？

a. 为什么这个产品改进了他们的体验？因为他们在保存记录方面面临困难。

b. 为什么保存记录很重要？因为他们就不会感到不知所措。

c. 为什么消除他们的不安很重要？因为他们就可以花更多的时间来处理重要的任务，而非用在日常管理上。

d. 为什么他们花更多的时间来战略思考和处理重要的任务很关键？因为那样他们就有更好的产出，并主动地思考，而不是消极地回应式思考。

e. 为什么好的产出和主动思考很重要？因为那样他们才能在自己的工作中找到自信和实现价值。通过这个做法进行深入挖掘，你会得到客户货比三家最终选你的最好诠释（自信和价值实现），而不是任何人都宣传的战略性的、无趣的功能（简单的项目管理）。

8.7 麦肯锡7S模型

麦肯锡7S模型（Mckinsey 7S Model），是麦肯锡顾问公司研究中心设计的企业组织七要素，指出了企业在发展过程中必须全面地考虑各方面的情况，包括结构（structure）、制度（system）、风格（style）、员工（staff）、技能（skill）、战略（strategy）、共同的价值观（shared values）。20世纪七八十年代，美国人饱受了经济不景气、失业的苦恼，同时听够了有关日本企业成功经营的艺术等各种说法，也在努力寻找适合本国企业发展振兴的法宝。托马斯·J. 彼得斯（Thomas J.Peters）和小罗伯特·H. 沃特曼（Robert

H. Waterman），这两位斯坦福大学的管理硕士、长期服务于美国著名的麦肯锡管理顾问公司的学者，访问了美国历史悠久、最优秀的 62 家大公司，又以获利能力和成长速度为准则，挑出了 43 家杰出的模范公司，其中包括 IBM、德州仪器、惠普、麦当劳、柯达、杜邦等各行业中的翘楚。他们对这些企业进行了深入调查、并与商学院的教授进行讨论，以麦肯锡顾问公司研究中心设计的企业组织七要素（简称 7S 模型）为研究的框架，总结了这些成功企业的一些共同特点，写出了《追求卓越——美国企业成功的秘诀》一书，使众多的美国企业重新找回了失落的信心。

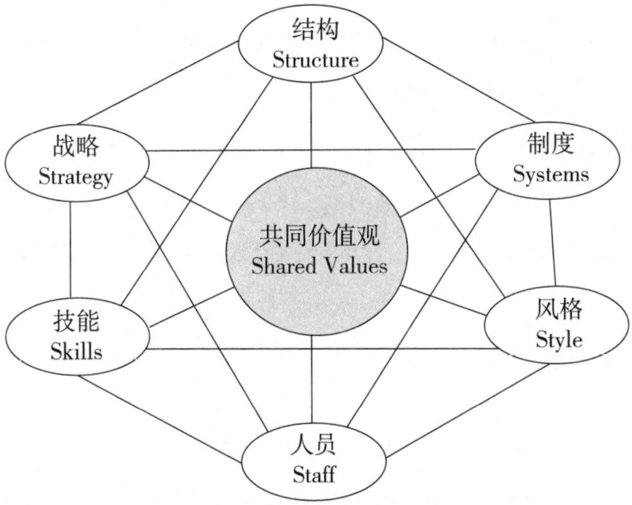

图 8-2　麦肯锡 7S 模型

7S 模型指出了企业在发展过程中必须全面地考虑各方面的情况，企业仅具有明确的战略和深思熟虑的行动计划是远远不够的，因为企业还可能会在战略执行过程中失误。因此，战略只是其中的一个要素。在模型中，战略、结构和制度被认为是企业成功的“硬件”，风格、人员、技能和共同价值观被认为是企业成功经营的“软件”。麦肯锡的 7S 模型提醒世界各国的经理们，软件和硬件同样重要。两位学者指出，各公司长期以来忽略的人性，如非理性、固执、直觉、喜欢非正式的组织等，其实都可以加以管理，这与各公司的成败息息相关，绝不能忽视。

8.7.1 战略

战略是企业根据内外环境及可取得资源的情况，为求得企业生存和长期稳定地发展，对企业发展目标、达到目标的途径和手段的总体谋划。它是企业经营思想的集中体现，是一系列战略决策的结果，同时又是制定企业规划和计划的基础。企业战略这一管理理论是20世纪50年代到60年代由发达国家的企业经营者在社会经济、技术、产品和市场竞争的推动下，在总结自己的经营管理实践经验的基础上建立起来的。1947年美国企业制定发展战略的只有20%，而1970年已经达到了100%了。日本经济新闻社在1967年曾进行过专门调查，在63家给予口答的日本大公司中，99%有战略规划。在美国进行的一项调查，有90%以上的企业家认为企业经营过程中最占时间、最为重要、最为困难的就是制订战略规划。可见，战略已经成为企业取得成功的重要因素，企业的经营已经进入了“战略制胜”的时代。

8.7.2 结构

战略需要健全的组织结构来保证实施。组织结构是企业的组织意义和组织机制赖以生存的基础，它是企业组织的构成形式，即企业的目标、协同、人员、职位、相互关系、信息等组织要素的有效排列组合方式。将企业的目标任务分解到职位，再把职位综合到部门，由众多的部门组成垂直的权利系统和水平分工协作系统的一个有机的整体。组织结构是为战略实施服务的，不同的战略需要不同的组织结构与之对应，组织结构必须与战略相协调。如通用电气公司，在20世纪50年代末期，执行的是简单的事业部制，但那时企业已经开始从事大规模经营的战略。到了60年代，该公司的销售额大幅度提高，而行政管理却跟不上，造成多种经营失控，影响了利润的增长。70年代初，企业重新设计了组织结构，采用了战略经营单位结构，行政管理滞后问题得以解决，妥善地控制了多种经营，利润也得到了相应的提高。

由此看出，企业组织结构一定要适应实施企业战略的需要，它是企业战略贯彻实施的组织保证。另外，两位学者在研究中发现简单明了是美国成功企业的组织特点，这些企业中上层的管理人员尤其少，常见不到一百个管理人员的公司在经营上百亿美元的事业。

8.7.3　制度

企业的发展和战略实施需要完善的制度作为保证，同时各项制度又是企业精神和战略思想的具体体现。所以，在战略实施过程中，应制定与战略思想相一致的制度体系，要防止制度的不配套、不协调，更要避免背离战略的制度出现。如具有创新精神的 3M 公司的创新制度，在 3M，一个人只要参加新产品创新事业的开发工作，他在公司里的职位和薪酬自然会随着产品的成绩而改变，即使开始他只是一个生产一线的工程师，如果产品打入市场，就可以提升为产品工程师；如果产品的年销售额达到五百万美元，他就可以成为产品线经理。这种制度极大地激发了员工创新的积极性，促进了企业发展。

8.7.4　风格

两位学者发现，杰出企业都呈现出总揽全局、协调各方、宽严并济的管理风格，他们让生产部门和产品开发部门高度自主，另一方面又固执地遵守着几项流传久远的价值观。

8.7.5　共同的价值观

战略是企业发展的指导思想，只有企业的所有员工都领会了这种思想并用其指导实际行动，战略才能得到成功的实施。因此，战略研究不能只停留在企业高层管理者和战略研究人员这一个层次上，而应该让执行战略的所有人员都能够了解企业的整个战略意图。企业成员共同的价值观念具有导向、约束、凝聚、激励及辐射作用，可以激发全体员工的热情，统一企业成员的意志和欲望，齐心协力地为实现企业的战略目标而努力。这就需要企业在准备战略实施时，要通过各种手段进行宣传，使企业的所有成员都能够理解它、掌握它，并用它来指导自己的行动。日本在经济管理方面的一个重要经验就是注重沟通领导层和执行层的思想，使得领导层制定的战略能够顺利地、迅速付诸实施。

8.7.6 人员

战略实施还需要充分的人力准备，有时战略实施的成败确系于有无适合的人员去实施。实践证明，人力准备是战略实施的关键。IBM 的一个重要原则就是尊重个人，并且花很多时间来执行这个原则。因为，他们坚信员工不论职位高低，都是产生效能的源泉。所以，企业在做好组织设计的同时，应注意配备符合战略思想需要的员工队伍，将他们培训好，分配给他们适当的工作，并加强宣传教育，使企业各层次人员都树立起与企业的战略相适应的思想观念和工作作风。如麦当劳的员工都十分有礼貌地提供微笑服务；IBM 的销售工程师技术水平都很高，可以帮助顾客解决技术上的难题；迪斯尼的员工生活态度都十分乐观，他们为顾客带来了欢乐。人力配备和培训是一项庞大、复杂和艰巨的组织工作。

8.7.7 技能

在执行公司战略时，需要员工掌握一定的技能，这有赖于严格、系统的培训。松下幸之助认为，每个人都要经过严格的训练，才能成为优秀的人才，譬如在运动场上驰骋的健将们大显身手，他们惊人的体质和技术都不是凭空而来的，是长期在生理和精神上严格训练的结果。如果不接受训练，一个人即使有非常好的天赋资质，也可能无从发挥。因此，在企业发展过程中，要全面考虑企业的整体情况，只有在软硬两方面 7 个要素能够很好地沟通和协调的情况下，企业才能获得成功。

第9章　建立新微商

9.1　理念

你的朋友圈有被卖面膜的刷过屏吗？微信上是否总有一些莫名其妙的美女请求你通过验证，然后有意无意地在朋友圈晒各种美图和产品？你是否主动加过一些符合自己价值观的所谓意见领袖的微信？而你又是否发现他们也开始悄然卖文、卖广告或者卖货？没错，目光聚集之处，金钱必将追随。随着科技的发展，使得人人都可能成为传播节点。根据权威统计结果，每一天在互联网上要产生 800EB 字节的信息，换算成文字相当于 400,000,000,000,000,000 字，而每秒钟互联网上要产生 7 万小时视频，如果一个人想要看完需要花费 5 年的时间。那么信息如此过载，会带来何种后果呢？这势必导致信息不重要，高价值的信息管道才重要，以及人们筛选信息将变得愈加困难，对关键人的信任会超越对其他的信任。

9.1.1　微商的本质

微商的本质是企业或者个人，基于人与人的社会关系，在信息交互基础上衍生出的“人人为商”的商业形态。再回到商业交易的前提，从古至今，只有对交易的物品和价值的产生有共同认知，交易双方才能相互信任进而继续交易并持续交易。如今信息交互如此高效透明，也产生了分享经济这一新模式。由此可见，如果微商能借由互联网这一高效传播的手段去导出信任经济，其后发之力极其惊人。微商如今已然迈入新时代。

微商的发展经历朋友圈/微博广告混乱轰炸期、微盟等专业微商崛起期，如今进入快速壮大的成长期，微商越发受到市场认可和资本青睐。而且据预测，微商还将以惊人的速度继续发展。不知道大家有没有这样的糟糕体验：打开朋友圈，自己的好朋友晒一大堆产品，更有甚者晒颜值。

身边的朋友都问我，你觉得我做微商怎么样，身边某某代理某某产品一天赚几千块，投入的那几千货款，一天就赚回来了。每次遇到这样的问题，我就想：他真的赚那么多钱吗？稍微有行业知识的都明白，这其实就是击鼓传花，压死的是整个微商代理体系的最后一层。

某次，朋友约了一个饭局，找一个做护肤品的女孩一起闲聊。我问那个女孩，你们的产品有什么特点、有什么卖点、有没有质检报告、品牌地和生产地在哪里、产品安全性怎么样？结果一下把女孩问哭了。后来，女孩说了实话，手中的产品卖不出去，上级代理又不退款，最后还是自己买单。这种代理，根本不能叫微商，顶多叫朋友圈卖货的。然而，这也不妨碍从另一个方面来看，微信这种社会化工具对以后的商业形态变革的影响。我相信未来商家在这一方面将大有作为。从宏观来看：

中国市场会越来越开放，政策监管力度越来越大，整个市场行为会向更为健康化发展。不管是打假还是恶性低价，所有不健康行为都会有所收敛；

互联网疯狂暴力狗血扩张时代将会结束，零售方式基于社交信任而变革，技术红利，或者信息不对称红利时代，那就是过去时，互联网扁平化加强，商户与消费者联系更紧密；

市场购买能力随着时代提升，对产品和服务要求更高。

选择一条更好的进入方式，或许能够真正地赚到钱。移动互联网来了，微商时代来了，冒进可能会一夜暴富，然而往往只会像烟花一样短暂灿烂。一两年前，和朋友聊到互联网科技会对未来零售有什么影响，又该如何抓住这种机遇。传统业态“供货方——代理（多层级）——客户”，要把这个环节进行整合重塑，肯定就需要“人人电商”这个观念。

为什么商家不能将客户个人社交工具整合，重新开辟商品信息流途径？需要说明的是，人人电商并非每个人去开个 C 店或者代购，因为这个方式导致产品质量、投入产出比、利润分成以及供应端等多方面不可控，最终会造成市场混乱。

市场交易成本往往在于信任成本，不管是品牌广告还是形象代言，目的在于培养市场信任。作为社交工具来说，因为是朋友圈，天然具有信任基因。当然，也正是这种信任基因，也对参与这个商业行为的个人、商家的品质具有高要求。

我会给朋友推荐 iPhone，但决不会推荐三无手机，哪怕能拿到销售额 70% 的佣金。无限度的“杀熟”后果，可能是连朋友都做不成了——屏蔽你的朋友圈不说，还可能对别人说：“XXX 卖那个产品，把老子坑惨了，为赚钱连朋友都坑。”

言归正传，微商行业洗牌靠实力，这是一种什么样的实力？我认为有两点：优质品牌的整合供应能力和功能强大的平台渠道。举个例子，唐燚微商分销系统可以完全解决以上两种问题。分享系统专指利用移动互联网技术在智能终端上，进行商品展示、数据管理、交易支付，因消费者主动给商家进行商品分享，商家按不同业绩给予各个层级的消费者根据业绩提成的分享形式。其分享原理为点对点式口碑传播，是一种全新的共享营销模式。

9.1.2　传统微商的基本思想

传统微商的基本思想以纯利益驱动，没有合理的商业模式，它存在以下问题。

（1）货卖给了代理商，而不是终端用户

依靠层层分销、囤货的微商模式，并不是以消费者为中心，而是以发展代理商为核心。虽然一开始朋友圈卖货门槛低，操作简单，确实能很快吸引很多代理加入，但是上游代理商迅速积累了财富，小代理手里却积压了大量产品，真正卖到消费者手中的少之又少。现在很多下游代理已经在逐渐觉醒了，一旦这种阴谋被识破，这种微商模式也就难以为继了。

（2）简单粗暴、无下限刷屏

目前微商的推广方式主要是靠朋友圈文案内容 +PS 图片刷朋友圈，简单落后粗暴，赤裸裸的透支着社交信任关系，是一种极其不人性的营销方式，已经引起了用户们的反感、拉黑，微信也一直把这个作为重点整治的对象。这种推广方式最终必然走向失败。

（3）参差不齐的售后服务，品牌名誉受损

依赖层层代理在朋友圈售卖产品，品牌商基本无法直接与消费者沟通互动。一旦有微商粗暴销售，售后服务差，或者产品有问题不予退换货和退款，由于品牌商没有有效的申诉机制来保障消费者的利益，这都会在无形中影响品牌信誉，而最终要为这些负面影响买单的是品牌商自己。

（4）窜货和价格混乱，搅乱品牌整个价格体系

不同代理层级的产品对应不同的进货价格，代理之间往往通过差价的空子窜货。更有甚者，卖不出货的代理们看着其他代理赚钱，为了尽快甩货赢取返点，可能会以低于进货价抛售。混乱的价格不仅损坏品牌商的形象，还严重搅乱了品牌商的价格体系，进而导致其他代理恐慌，造成恶性循环，直至价格崩盘。

（5）产品无法快速升级，生产与市场严重脱节

由于产品大量囤积，无法直达消费终端，品牌无法准确把握产品动销情况，也就无法快速升级产品。而在当今瞬息万变、产品过剩的时代，传统企业如果信息不灵，再加上仅凭经验做判断，无法按需生产，经营必然会迷失方向。

9.1.3　传统微商的末路

自微商出现以来，一夜暴富的销售神话层出不穷，尤其是带有传销性质微商的不断鼓吹，让微商成为很多人眼中的致富神话。微商的增长非常迅速，远超淘宝当初的增长速度。

虽然微商现在面临很多质疑，但不可否认的是，微商商户规模仍将持续增长，但明显增速放缓。这其中不仅有行业整合发展的原因，还有微商本身曾经泡沫发展留下的隐患爆发而造成的微商市场退缩，尤其是 C2C 的朋友圈营销，它是微商市场退缩的主体。

微商的泡沫发展导致许多微商非常短命，目前微商市场也存在不少卷钱跑路的恶劣商家。从艾媒咨询调查的中国微商商户运营时长分布来看，绝大部分的微商运营寿命小于一年，这一方面体现了微商行业的竞争激烈，另一方面也表现出微商市场的不成熟。

微商的泡沫发展实际上是透支了消费者对微商的信任，其发展还没有非常坚固的消费者基础，在未来发展需要微商完整的销售链条。传统微商始终在想怎么找代理，说明他们还是把微商当作渠道来经营；代理的作用就是圈人卖货，卖不动货的就圈人，拉人头。这是干反人性、逆互联网潮流的事。

微商是一个去中心化的商业形态，招代理虽然可以铺货，快速打开市场，但从长远来看，会增加中间渠道，增加信息的不对称。

其实，现在存在一个通病就是，碰到一个能赚钱的热点都会一窝蜂地扑上去，都想着好赚钱，最终发现不是这样，就觉得自己倒了霉。那自己倒霉，也就开始损毁这个行业，让整个行业跟着倒霉。这也是微商名声不好的原因所在。

9.1.4 新微商是什么

（1）新微商的核心理念

新微商核心经营理念不是赚钱，而是力争将最好的东西与大家分享，将能够帮助他人的力量，尽可能给予所有人，使他人有所收获，并且自己也获得收获。总结来说，就是一种“我为人人，人人为我”的理念。新微商的原则必须是始终以消费者与创业者的利益为先，为消费者提供最优质、最实惠的产品，同时，也为创业者打造有前景的创业项目，去除各种差价，打造可循环的良性商业生态圈。

（2）新微商的本质

微商已经告别暴利时代，回归了商业的本质。任何一个新兴行业经过野蛮增长之后，都会渐渐归于正常的商业路线。无论商业外部的表现形式如何，商业的本质不会改变，只是手段和渠道不同而已，同样要遵守经济学原理。微商也不例外。因为微商是互联网营销的渠道之一，互联网营销的核心不会改变。

其实做微商赚钱很容易，但是想要赚大钱就需要重新规划。微信早已不是以前单纯分享、交流、刷朋友圈那样玩了。近两年微商的崛起，不仅仅是冲破微信作为原来单纯的社交软件的局限，产生的新型流行的微商营销模式更是不可轻视。一开始的时候，互联网人士在电商行业唱主角，言必称“网络推广”“客户体验”“转化率”等专业术语，令不懂互联网的传统企业老板们艳羡的同时，也深感底气不足。但当年那些很早入场的、由互联网人士创立的电商公司开始成批地倒闭或者边缘化，就是因为他们不懂什么是商业的本质。

那么，到底什么才是“回归商业的本质”呢？

微商只是一个新的销售渠道而已。有人说做微商的第一要务是赚钱，不盈利的微商都是要流氓。说这话的大多数都完了，因为他们只想把商品卖出去，不在乎是卖给谁，因此他们将微商纯粹视作是销售渠道之一。

对所有从事生产制造的企业来说，库存预测是最难、风险最大的一件事情。但库存失控只是一个表象，它背后的原因太复杂了——也许是设计的款式不受欢迎，也许是错误估计了市场的需求，也许是气候突然发生了变化，也许是竞争对手采取了遏制策略……

总而言之，一切建立在预测基础上的商业，都注定无法避免预测失误的风险。单纯的“卖货”理论也是不够全面的，你必须考虑到你的顾客是否真的需要，将产品卖给真正需要产品的顾客才是真正的“回归商业的本质”，所以“回归商业的本质”并不等于卖货。

案例

唐燚微商分销系统：打造全新商业模式

唐燚微商分销系统免费提供唐燚微商分销系统平台。唐燚微商分销系统致力于解放企业的营销队伍，减轻企业营销成本压力。在传统的营销模式下企业面对营销时，往往会付出大量的成本，而唐燚微商分销系统正是为了解决这一问题而诞生的。

唐燚微商分销系统有效地管理客户资源，采用分享返利的模式，提高了消费者的黏度，使每一个消费者都可以通过分享获益，让每一个消费者都成为业务员。同时系统没有任何门槛，没有任何风险，具有易推广、易引导、易传播、易操作、易支付等特点。使用唐燚微商分销系统进行推广，将产品推荐给他人后，系统将有效获取购买者的信息。购买者在完成一次产品购买后成为会员，获得分享资格，当会员在将产品推荐给他人，他人完成购买时，会员将获得红包返利，另外，会员在复购时，也可以获得返利，这样一来，企业与客户间便建立起了无形的联系，增加客户黏度的同时，大大拓宽了销售渠道。

针对企业的实际需求，唐燚微商分销系统分享返利层级及返利比例可在不触犯相关法律的条件下，根据要求进行变更。除此之外，唐燚微商分销系统对营销问题进行免费分析，找到存在的问题，当有需要时，提供全套的营销解决方案及全套的落地服务，同时为企业培训运营团队，使企业快速展开经营，用最短的时间获取唐燚微商分销系统带来的收益。

在合作的第一阶段，企业全体员工都将参与都系统中，成为拥有分享资格的分享者，并且将产品与系统进行分享。唐燚微商分销系统借助互联网+模式，为企业所生产的产品快速开拓市场、增强品牌效应、提高销售效率和效益，共建和谐的分享经济。合作时将采取风险共担、销售分成的模式，缴纳上线费用后，运营时收取销售额10%的运营费，以保障平台的运转。

9.2 分享经济

李克强总理在达沃斯论坛上提到，目前全球分享经济呈快速发展趋势，成本小，速度快，众人创富，形成合理的财富分配格局。举个例子解释一下分享经济：

有个开面馆的老郑，他做的面很好吃，食客小陈几乎每个月都会光顾。

突然有一天，老郑对小陈说："小陈同学，我叫老郑，是这家面馆的老板。你觉得我家面馆的面好不好吃呢？"

小陈说："好吃啊，我很喜欢。"

老郑："既然好吃，我想和你谈一个合作计划。你愿意跟我合作吗？"

小陈说："我先听听是怎样的合作。"

老郑："合作计划是这样的，你既然这么喜欢吃我家的面，那么从今天开始我正式邀请你成为我老郑面馆的合伙人，合伙人呢，有以下几点。

"你和以前一样，照例来吃面就可以了。以前你来都不打折，成为合伙人之后，你来吃面我给你打七折。

“如果有朋友问你，哪家的面好吃啊？你只要记得帮我讲一句话：老郑面店最好吃，你报我小陈的名字可以打七折。

“报你名字来吃面的朋友，每吃一碗，我奖励你 1 元，他们再推荐的朋友来吃面，每吃一碗，我奖励你 0.5 元。”

小陈说：“好啊！好啊！”

于是，小陈下月就介绍了一些朋友来吃面。到了月底，老郑对小陈说：“因为你这个月的介绍，本店生意兴隆，他们一共来本店吃了 2000 碗面，这是按约定给你的 1800 元。

小陈觉得好棒，平时我只是来吃吃面的，现在同时还能赚外快，真的好赞。

过了段日子，小陈要准备雅思了。这个月他很忙，没有时间帮老郑介绍客人。但是忙里偷闲，他还是会去吃面，和大家聊聊天。有一天，老郑拉着小陈，递给他 6000 块。小陈很诧异，坚决不收这钱。这时老郑说道：“你上次介绍的那些朋友吃了面以后啊，感觉味道确实不同于其他面馆，从此经常光临，并且也介绍他们的朋友来吃，我同样也给他们奖励了，这些是你应得的。当初多亏你介绍，我的面馆才会有现在这么兴隆的生意啊。”小陈竟说不出感激的话来，从此之后，小陈就和老郑长长久久地合作下去。这就是分享经济。

9.2.1　分享经济催生消费商

消费商是市场进入新经济下产生的一种新的商业主体身份，在消费商之前曾出现有经典的传统经销商，后来出现直销模式产生消费商，进入电子商务时代产生网商，每一个时代新身份的产生适合不同人群发展，同样都实现了不同层面人的成就。

不同于经销商，消费商不需要运作资金，只需要体验产品并把使用产品的效果分享给更多的人。当前，凡是正当经商的人，都深深体会到生意越来越难做。生产的商品无论好坏，实在是太多了，有的达到泛滥的地步，要想把好产品销售出去，真难啊。因为产品从生产商到消费者这个流通环节的经营也非常艰辛，竞争已超出想象，一个产品如果创出了知名度，就会有冒牌出现，最终受伤害的是生产商和消费者。

换言之，经济活动已进入终端，谁能拥有并锁定消费者，谁就能赚钱！现在，每一个做生意的人都在想着这件事：如何拥有并锁定消费者？正如马化腾在一次互联网大会上分享：当你的用户群足够大时，你的业务模式不再是问题。也就是说：你拥有的消费者群体足够大时，你卖任何产品都赚钱，前提是不损害消费者。

可见，时下的信息经济时代，经济活动将以消费者为核心，消费商也将成为时代的宠儿。那么，作为一个消费者，如何积极参与财富分配做一个理性的消费商呢？

消费商：以消费者为经营对象的商人。

生产商：生产环节以生产产品为核心。

流通商：流通环节以销售渠道为核心。

这样定义，就让我们明白了商业各个环节经营的基本内容。可以这样说，以前的许多经济理论，并不是为消费者服务的，完全是为生产商和流通商服务的。既然出发点不在消费者这边，看不懂经济理论，许多商业条款不是以消费者为核心，也就不足为怪了。可是，历史的车轮把我们带入到信息时代，这一切都有所逆转。消费者扬眉吐气的时代已经到来，终于等来了话语权。

信息时代的经济竞争，是以消费者为核心，那么，作为一个有眼光和能力的消费者，就有必要把自己身边的消费者组织起来，带领大家一起与生产商共享财富分配。因为组织和管理了消费者，付出了劳动，就会有收益，这就是商业行为，所以这样的消费者，就是一个商人，因此叫消费商。

其实，消费商的行为早就存在，只是人们忽略了这个概念。比如，你买了一件漂亮、价格低廉的衣服，和同事、朋友说了后，他们不知在什么地点，你就带他们去购买。也就是说，你引导了消费。但是，卖衣服的老板没给你任何好处，最多算帮了朋友一个忙。此时，你的行为已是一个消费商的行为。不过，你这个商人没有赚到一分钱，做着没有收益的商业行为。

竞争消费者的过程，也就是拥有和锁定消费者的过程，其实就是一个使消费者从分散走向联盟的过程。在这个新时代的竞争过程中，不是由生产商来完成，也不是由流通商来完成，而只能由消费者来完成。因为消费者们的立场是一致的，容易在观念上达成统一，行动上采取合作。为什么会这样？因为曾经有无数的生产商和流通商，联合起来将消费者的钱掏走，只留下价高值低，甚至可能是伪劣的产品，一次次伤害了消费者的购买欲望和快乐消费的信心。

既然是消费者从分散走向联盟的必然过程，那么作为一个消费者，今天你不主动去团结别人，使自己成为一个消费商，明天就是别人来团结你，他会成长为一个消费商。其中的经济利益关系，不必多说。

也许，过不了多久，你与朋友见面打招呼时，他会自豪地告诉你，他是一个消费商。可以预见，消费者成长为消费商，将是一场浩大的革命。这场革命将彻底颠覆我们的商业模式。

9.2.2 分享经济的方向

未来可出现分享经济的三个方向：人、财、物。

第一，人。人是未来分享经济当中发力的核心。如今越来越多的众包业务出现了，如达达物流、人人快递、猪八戒网等，人们可以既在这家公司上班又为那家公司服务，这是如今人才的 Uber 化。人的精力、时间、专业都是可以高度共享的，众包是时间价值的共享，分答、知乎则是专业价值的共享，还有关系链和人脉的共享，例如微商等。

第二，财。跟钱财相关的，是非常容易出现分享经济的。房、车的闲置共享产业链才刚刚起步，但是当钱闲置在账户里的时候，世界上早已有无数的公司教我们怎么理财。但是，今天没有一个利益共同体、没有一个产业来推动，分享经济的生态就比较难以形成。所以第二个方向一定是在金融领域相关领域当中比较多的出现分享经济。以前在民间，有种组织叫互助会，即所有成员投入等额的金钱放到一起，如果其中有人需要急用钱，可以从中借用，而后本息归还。年底的时候所有成员都可以分得其中的利息，这是最传统的民间互助共享模式。水滴互助是最近比较火的一个保险项目，它通过资金的集结，既是对自己的一份保障，又贡献了爱心。这个项目其实就是将民间的互助会模式上升到了慈善与互联网+，同时借助金融作为杠杆，获得了更广的渠道和平台，这是一种非常普遍的分享经济模式。

第三，物。以 Airbnb 为代表的房子的分享经济，以 Uber 为代表的车的共享，这些都是属于物的共享。而未来还会有更多，只要是产权清晰的、隐私权可保障的、使用权可分拆的都是有可能出现分享经济的。互联网+时代，地球成为地球村，资源整合的范围变大，维度变多，效率变高，速度变快，这是分享经济崛起的核心。在未来还可以有更多行业做得更好，就像旅游行业非常著名的分享经济企业—分时度假，用一套房子的使用权置换全世界各地房子的使用权，阐述“四海皆为家”的理念，这是非常好的思想。社保、公积金也是典型的全社会分享经济，各方共同出资，通过政府机构的运营，为我们将来的社保、医疗、住宅做保障，这是分享经济在全社会的推广。通过碎片化资源的收集，形成集聚化效应，通过更专业的方式，进行资源的投入获得更佳的运营效率，在中间所获得的配置资源的收益，能够使得多方参与着共享，这就是分享经济能否成立的核心。

9.2.3 微商与分享经济

微商其实也是一种分享经济。而且，我觉认为微商其实算是分享经济的首批成员。从微商层面的角度理解，就是个体微商扮演着分享型经济体社区个体微商角色，在微信平台代理着产品，不断营销给社区消费者，带动整个商圈、生活圈等的发展，却仅仅是借助而不是占有微信这个平台。微商从三个方面体现共享型经济。

（1）展现个人魅力

自媒体时代，人人都是自媒体，每个人都在扮演自己的角色，塑造自我，展现自我，各有各的不同。“个人魅力”一词就是一个很好的概括。当我们在自己的朋友圈，一对一地在和自己的微信好友或者客户聊天的同时，就是一种分享经济。为什么这么说呢？答案很简单，你在向客户分享你的知识、见解、情感、语言技巧等。当这种聊天方式以时间为计算单位持续下去，信任度的建立，乃至后面成为你的代理，都是建立在你不断分享的内容基础之上才达成的成交。

（2）突破心理状态

最难打开的是心门，最难走的是心路，最难过的是心桥，最难调整的是心态。心态营销，同样也是一种共享型经济的体现，在微信的朋友圈中正变得举足轻重。尤其是作为初级微商，“小白”的概念一直是内心挥之不去的伤。微商作为传播积极、阳光、正能量者，将这种能量发挥到最大话，就是一种自我营销。

（3）富饶知识层面

当经历多了，就变成了一种经验；当实践多了，就变成了一种技巧。每一次的微商实战经验分享，都是一次自我的营销。尤其是当这种自我分享技巧的过程中，一些客户因为你的分享，变成了你的追随者，转而由一个陌生人变成了你产品的经销商。角色的转变，连带出来的金钱交易，变成一种经济体。微商，就是分享经济的体现。

每一个微商，其实都是无形中把“分享”本身当作了一种载体，当作一门“经济”来做。因此，很多困难的事情，变得越发简单，这也是为什么微商坚持、持久，最终成功的原因。微商傍着一条经济链，所以它的道路只会越走越远，越走越轻松。

移动互联网时代带来了巨大的营销红利，分享经济要玩出花样，就不能无视新媒体工具这一营销利器：微博、微信以及 App。对于微商而言，这三者之间既要有所区别，又要综合利用。微博可以用来聚粉，获取粉丝和用户，并向微信导流；微信则可以做成 CRM，即客户关系管理；App 又可以与手机及可穿戴设备进行数据打通，并进行实时数据监测。

因此，在这样的情况下，作为分享经济体的一员，微商可以走人人电商的模式：将个人业余之外的价值变现的主要途径，将商家与用户变成微信好友，强调个体与个体间的交互，社交因素明显，经营熟人圈子的生意，用熟人推荐和分享购物的方式弱化平台电商搜索购物习惯。

9.3 用户需求

9.3.1 层次需求

在马斯洛看来，人类价值体系存在两类不同的需要：一类是沿生物谱系上升方向逐渐变弱的本能或冲动，称为低级需要和生理需要；一类是随生物进化而逐渐显现的潜能或需要，称为高级需要。

人都潜藏着这五种不同层次的需要，但在不同的时期表现出来的各种需要的迫切程度是不同的。人的最迫切的需要才是激励人行动的主要原因和动力。人的需要是从外部得来的满足逐渐向内在得到的满足转化。

低层次的需要基本得到满足以后，它的激励作用就会降低，其优势地位将不再保持下去，高层次的需要会取代它成为推动行为的主要原因。有的需要一经满足，便不能成为激发人们行为的起因，于是被其他需要取而代之。

高层次的需要比低层次的需要具有更大的价值。热情是由高层次的需要激发。人的最高需要即自我实现就是以最有效和最完整的方式表现他自己的潜力，唯此才能使人得到高峰体验。

人的五种基本需要在一般人身上往往是无意识的。对于个体而言，无意识的动机比有意识的动机更重要。对于有丰富经验的人，通过适当的技巧，可以把无意识的需要转变为有意识的需要。

马斯洛还认为：在人自我实现的创造性过程中，产生一种所谓的“高峰体验”的情感，这时处于最激荡人心的时刻，是人的存在的最高、最完美、最和谐的状态，此时人具有一种欣喜若狂、如醉如痴、销魂的感觉。

试验证明，当人待在漂亮的房间里面就显得比在简陋的房间里更富有生气、更活泼、更健康；一个善良、真诚、美好的人比其他人更能体会到存在于外界中的真善美。当人们在外界发现了最高价值时，就可能同时在自己的内心中产生或加强这种价值。总之，较好的人和处于较好环境的人更容易产生高峰体验。

马斯洛在 1943 年发表的《人类动机的理论》一书中提出了需要层次论。这种理论的构成根据 3 个基本假设：

人要生存，他的需要能够影响他的行为。只有未满足的需要能够影响行为，满足了的需要不能充当激励工具。

人的需要按重要性和层次性排成一定的次序，从基本的（如食物和住房）到复杂的（如自我实现）。

当人的某一级的需要得到最低限度满足后，才会追求高一级的需要，如此逐级上升，成为推动继续努力的内在动力。

马斯洛理论把需求分成生理需求、安全需求、社会需求、尊重需求和自我实现需求五类，依次由较低层次到较高层次（如图所示）。

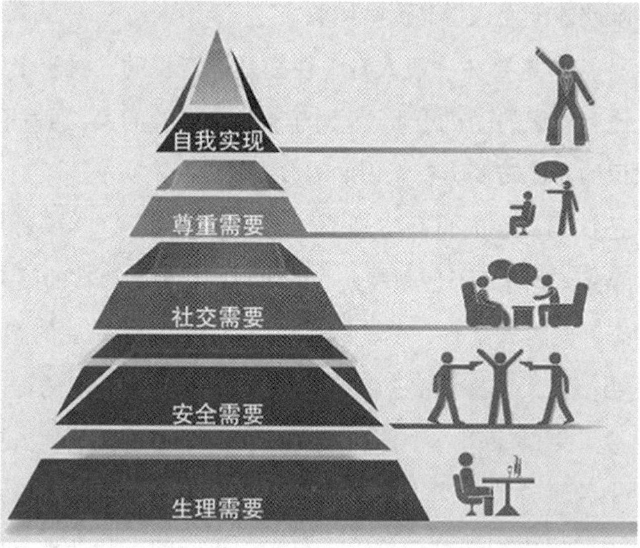

图 9-1　马斯洛需求层次论

各层次需要的基本含义如下：

（1）生理上的需要

这是人类维持自身生存的最基本要求，包括饥、渴、衣、住、性的方面的要求。如果这些需要得不到满足，人类的生存就成了问题。在这个意义上说，生理需要是推动人们行动的最强大的动力。马斯洛认为，只有这些最基本的需要满足到维持生存所必需的程度后，其他的需要才能成为新的激励因素，而到了此时，这些已相对满足的需要也就不再成为激励因素了。

（2）安全上的需要

这是人类要求保障自身安全、摆脱事业和丧失财产威胁、避免职业病的侵袭、接触严酷的监督等方面的需要。马斯洛认为，整个有机体是一个追求安全的机制，人的感受器官、效应器官、智能和其他能量主要是寻求安全的工具，甚至可以把科学和人生观都看成是满足安全需要的一部分。当然，当这种需要一旦相对满足后，也就不再成为激励因素了。

（3）感情上的需要

这一层次的需要包括两个方面的内容。一是友爱的需要，即人人都需要伙伴之间、同事之间的关系融洽或保持友谊和忠诚；人人都希望得到爱情，希望爱别人，也渴望接受别人的爱。二是归属的需要，即人都有一种归属于一个群体的感情，希望成为群体中的一员，并相互关心和照顾。感情上的需要比生理上的需要来的细致，它和一个人的生理特性、经历、教育、宗教信仰都有关系

（4）尊重的需要

人人都希望自己有稳定的社会地位，要求个人的能力和成就得到社会的承认。尊重的需要又可分为内部尊重和外部尊重。内部尊重是指一个人希望在各种不同情境中有实力、能胜任、充满信心、能独立自主。总之，内部尊重就是人的自尊。外部尊重是指一个人希望有地位、有威信，受到别人的尊重、信赖和高度评价。马斯洛认为，尊重需要得到满足，能使人对自己充满信心，对社会满腔热情，体验到自己活着的用处和价值。

（5）自我实现的需要

这是最高层次的需要，它是指实现个人理想、抱负，发挥个人的能力到最大程度，完成与自己的能力相称的一切事情的需要。也就是说，人必须干称职的工作，这样才会使他们感到最大的快乐。马斯洛提出，为满足自我实现需要所采取的途径是因人而异的。自我实现的需要是在努力实现自己的潜力，使自己越来越成为自己所期望的人物。

五种需要像阶梯一样从低到高，按层次逐级递升，但这样次序不是完全固定的，可以变化，也有种种例外情况。一般来说，某一层次的需要相对满足了，就会向高一层次发展，追求更高一层次的需要就成为驱使行为的动力。相应的，获得基本满足的需要就不再是一股激励力量。五种需要可以分为高低两级，其中生理上的需要、安全上的需要和感情上的需要都属于低一级的需要，这些需要通过外部条件就可以满足；而尊重的需要和自我实现的需要是高级需要，他们是通过内部因素才能满足的，而且一个人对尊重和自我实现的需要是无止境的。同一时期，一个人可能有几种需要，但每一时期总有一种需要占支配地位，对行为起决定作用。任何一种需要

都不会因为更高层次需要的发展而消失。各层次的需要相互依赖和重叠，高层次的需要发展后，低层次的需要仍然存在，只是对行为影响的程度大大减小。马斯洛和其他的行为科学家都认为，一个国家多数人的需要层次结构，是同这个国家的经济发展水平、科技发展水平、文化和人民受教育的程度直接相关的。在不发达国家，生理需要和安全需要占主导的人数比例较大，而高级需要占主导的人数比例较小；而在发达国家，则刚好相反。在同一国家不同时期，人们的需要层次会随着生产水平的变化而变化。

9.3.2 建立需求

需求状态，顾名思义，状态也就是一种事物或实体在某一个时刻或点所处的情况，此处要讲的需求状态是指用户需求的一种状态变换过程。为什么要建立需求状态？在整个生命周期中，存在着几种不同的情况，在需求调查人员或系统分析人员进行需求调查时，客户存在的需求可能有多种。

（1）突出产品的特点优势为你埋下购买欲

一类是客户可以明确且清楚地提出需求（经常使用的知道对自己有什么作用的、要什么样的产品）。对产品的名称、价格、功能、款式、作用、使用效果非常清楚、明确，知道自己想要什么的客户，然后提出具体购买需求。（如果我们面向这类人需要介绍你产品的价格、功能、款式优势和让他看到你产品的绝对亮点和优势能够提升他们工作中的某种技能效率这方面的内容。）

（2）明确产品使用方向让客户能在你这找到明灯

另一类是客户对产品有过一定的了解、但对产品的业务和作用不是很明确，还需要等待外部信息。（看到过使用过但不知道有什么作用。）

知道这件产品怎么做，但不知道这件产品能给自己带来什么样的优势、能体现出什么样的能力、能提高什么样的效率。（这类人需要我们提供专家的指导或业务员的对产品的详细介绍、给他一个明确的方向和答案的内容。）

（3）深入提供潜在需求内容、提高网站转发率

一类是客户知道需要做些什么但又不能确定的求。（客户经常看到但没有使用过、不知道具体操作和对自己有什么作用。）

客户知道这件产品的名称和作用、做好这件事需要什么产品或工具来完成，但不知道怎么使用、不能确定那件产品能给他带更好的效率或要什么其他的产品来搭配使用才能达到想要的效果。（这类客户只需要提供简单易懂的产品介绍和产品的操作流程内容、什么样的产品能够做什么样的事能达到什么样的结果和效率。）

（4）还原产品现场、让客户清晰购买思路

还有就是客户本身也说不清楚的产品、但知道对自己有用。（听说过这件产品知道自己这件产品能帮助自己完成某些事情。）

说不出来是什么产品或不知道产品名称、对产品非常模糊的、不知道产品具体该怎么样去操作（首先要提供解决你产品是不是对他有用的资料，然后你要详细而又全面的介绍你的产品、主要要解决这个客户对这个产品的疑虑和作用、能够解决它现在什么样的现实问题）。对于这些需求，在开发进展的过程中，存在着以下几种情况：

①有可能要取消的；

②有的因为不明确而可以后延的，同时可能转化为被取消的需求；

③与客户经过沟通或确认的，此处有两种情况，一类是确认双方达成共识，另一种情况是还需要再进一步沟通的。

下面是一个简单的状态例子：

CLOSED：经过确认，双方认可并达成共识；

OPEN：双方确认，但没有达成共识的需求；

待定：客户提出需求，但双方没有经过沟通或确认；

需求分析有可能在一个项目中成为一个漫长、艰巨的工作。需求分析专家与他们的顾客交谈、记录他们的交谈结果、分析他们收集的信息，从中提取互相矛盾的地方，总结出一个总体观念，然后再与顾客交谈他们发

现的问题。这个过程可以不断重复，在有些项目中这个过程可以伴随着整个生命周期。

新系统很可能改变人与人之间的关系以及人的工作环境，因此认定谁是重要的——信息持有者非常重要。只有这样，在需求分析的过程中才能够将顾客所有的需要都记录下来。只有这样，才能保证他们认识到新的系统对他们来说带来怎样的变化。出于下述原因这个要求往往达不到：

①与顾客的交谈不够多和不够彻底，一些重要的需求被忽视；

②顾客的反应不说明问题，顾客对新系统的特征不满。

为了使所有这些讨论有条理、有组织和有效地被记录下来，这些讨论的过程和其内容的演化也必须被记录下来。可以使用不同的技术来从顾客手中获得需求。传统方式有采访顾客，或者与顾客一起开座谈会，列举顾客的需求。比较新的技术有创建模型和使用用例。在最佳状态下，采纳了不同的技术后，他们可以完全理解顾客的需要并与持重要信息的人创建必要的联系。

9.4 用户体验

“用户体验”一词最早被广泛认知是在20世纪90年代中期，由用户体验设计师唐纳德·诺曼（Donald Norman）率先提出并推广。近年来，计算机技术在移动和图形技术等方面取得的进展已经使得人机交互（HCI）技术渗透到人类活动的几乎所有领域。这导致了一个巨大转变——（系统的评价指标）从单纯的可用性工程，扩展到范围更丰富的用户体验。

这使得用户体验（用户的主观感受、动机、价值观等方面）在人机交互技术发展过程中受到了相当的重视，其关注度与传统的三大可用性指标——效率、效益、基本主观满意度，不相上下，甚至比传统的三大可用性指标的地位更重要。

在微商营销的过程中，有一点很重要，那就是要全面考虑不同利益相关者的利益——市场营销、品牌、视觉设计和可用性等各个方面。微商从业者必须融入“互动的世界”，在这一世界里，实用性是最重要的。

用户体验没有确切的标准，服务或目标群体不同，采取的方式也就不同。

9.4.1　用户体验的分类

体验大致可分为如下三类：

感观体验：呈现给客户视听上的体验，强调舒适性。一般在色彩、声音、图像、文字内容、排版布局等方面体现。

交互用户体验：界面给客户使用、交流过程的体验，强调互动、交互特性。交互体验的过程贯穿浏览、点击、输入、输出等过程给访客产生的体验。

情感客户体验：给用户心理上的体验，强调心理认可度。让用户通过媒体平台能认同、抒发自己的内在情感，那说明用户体验效果较深。情感体验的升华是口碑的传播，形成一种高度的情感认可效应。

独立的用户体验会影响到全局用户体验。例如，按键的手感影响了短信输入过程中的用户体验，而短信输入的体验影响了收发短信这一过程的用户体验，并且最终影响到手机的全局用户体验。全局用户体验并不是独立用户体验的简单相加，因为总会有某些体验（带来的正面或负面效益）比其他体验更为突出。全局用户体验还会收到外部因素的实际作用影响，如品牌、价格、朋友意见、媒体的报道等。

用户体验研究中的一个分支着重于研究用户情感，也就是互动过程中的瞬间用户体验。另一个分支侧重于分析和理解用户体验和产品价值之间的长远联系。

特别值得注意的是，在某些行业内，一个公司的产品如果具有极佳的用户体验，那么这将被视为确保良好品牌忠诚度和提高客户群增长速度的有效手段。按时间长度划分的所有用户体验（瞬间体验、情境体验、长期体验）

都是十分重要的，但是设计和评估这几种体验的方法可能有着很大的差别。用户体验贯穿在一切设计、创新过程之中。

至于客户服务，从广义上说也是用户体验的一部分，因为它同产品自身的设计密不可分。客户服务更多的是对微商素质的要求，而难以改变已经完成并投入市场的产品。但是一个好的设计可以减少用户对客户服务的需要，从而减少微商在客户服务方面的投入，也降低由于客户服务质量引发用户流失的概率。

新时代的微商应当特别注意用户的消费体验，以便提高客户服务质量。

9.4.2 质量管理

随着互联网的蓬勃发展，微商经历了市场的适者生存劣者淘汰，存活下来，却时常遭遇发展的瓶颈。大家开始关注用户体验，讨论用户体验，尝试着将“用户体验”与实际工作相结合。把“用户”融入我们的团队中，这是非常好的事情。但是仅仅这样是远远不够的。

用户体验需要全面的质量管理。记住，质量不仅仅是需要，它还是必需的。市场经济是现实的，它不是抽象物，优胜劣汰每天都在上演，请不要忽视微商也是互联网适合生存中的一员。

全面质量管理是以人为中心的管理系统，旨在不断提高为用户服务的水平，从而不断地降低实际成本。全面质量管理以三种形式实现这一目标。

第一种，分析用户的实际需求，并设计满足这些需求的商品和服务。

第二种，学会怎样在最短时间内以尽可能低的费用提供这一产品。

第三种，通过改善，连续提高这一过程。

当我们执行实施全面质量管理时，遵循的基本原理就是：在第一时间高质量完成。无论是对于企业还是微商，这都是非常重要的。

这个战略主要依赖于管理者对全面质量管理本质的理解，依赖于他们接受这些思想的意愿。所以，单靠个人的行为是做不到的，需要团队所有成员的参与，包括管理层。

（1）全面质量管理的基本要求

全面质量管理以用户为中心，用户的反馈让我们了解他们需要什么。为了这个信息，团队要设法给予用户比他们想要的更多，这样来引起“用户偏好”。

团队骨干成员必须理解全面质量管理的所有相关内容，理解我上面提到的含义、目标、三种实现形式、基本原理。领导层必须认识到用户体验质量管理的重要性，既要准备实现这些构想，也要鼓励你的团队去贯彻这些思想理念。

用户体验的全面质量管理是无止境的，每一个步骤、工序、产品和服务都应该不断地检测，寻找比原来更好的方法。

微商企业或团队必须建立一个表彰和奖励系统，以鼓励全体成员都参与到全面质量管理的进程中来。比如，用内部培训来改进成员的营销技巧，解决与工作有关的问题，还可以用奖金来奖励业绩突出的人。

微商企业或团队必须不断努力，以减少提供产品和服务所需的时间。这意味着工序要流程化，这一点微商团队可以向大企业学习，削减不必要的流程，使用户更快地收到产品。

微商必须密切关注营销的全流程，降低出错概率，而不是问题发生后才发现，并加以纠正。管理应该以主动的形式而非被动地发现问题。

长期展望。除了不断开发用户所需商品和服务之外，实施用户体验的全面质量管理的微商企业或团队，要尝试寻找可能在未来有需求的产品，并在现在开始计划以实现这一目标。

微商要通过数据收集、分析和比较来记录自身的营销成果。通过这种方法，使用数量化的资料来比较变化，微商能够确切地知道哪里有所改进，哪里还需要改进。“事实管理”有助于微商证明自己的进步，不用依赖于预感和直觉。

微商可以引入合作企业和其他外界组织一起来帮助改进产品和服务。

9.5 闭环

闭环顾名思义就是圈子，闭环营销也称圈子营销，由此形成消费者对该产品的高度口碑满意率，从而从根本上提高产品在消费者中的扎根深度和广度。

闭环营销需要在产品研发、品牌传播、渠道建设和售后服务四大环节都打造一个闭环，将营销过程延伸到整个产品的生命周期，在客户对产品进行消费的过程中继续给予营销，从而大大提高客户对产品的认可度和忠诚度。

闭环营销中，微商在与用户互动沟通时要深度把握其习惯和需求，要遵循互联网的社会规则，基于传统行业产品本质，使用互联网技术并用极致的体验态度创新改造微商行业运作规则，快速形成用户自发的口碑传播，达成用户认同的颠覆式的商业模式。

过去的营销只是一个销售环节，在产品销售完成后，就由后续的服务部门或者服务代理商进行。客户在使用的过程中，逐渐淡化了对产品品牌的认可，客户的忠诚度也会随着时间的推移而逐渐降低。闭环营销就是保持消费者对产品的高度认可度和忠诚度，是一种营销生态体系，是以客户为中心形成的组合营销策略。

只有产品本身在消费者中的影响力越深入越广泛，产品才会具有生命力。闭环营销形成的闭环营销链，通过每一次循环，逐步提高客户的满意度，形成客户对产品的信任度。要详细解释什么是营销的闭环，恐怕得先从营销理论和实践的发展过程说起。

1.0时代：美国的20世纪50—70年代，以及中国的1990—2000年前后，社会经济环境处于刚开始供过于求的状态，手上有好货，大体上都能卖得出去。生意由好做慢慢转向不太好做，对营销的需求就应运而生。“4P”便是在这样的背景下产生，其主要任务就是使企业的产品能够更快、更好、更多地卖给顾客，完成销售额。这样的营销，主要是企业说了算，营销主发出信息（促销、卖点宣传等），顾客被动接受信息，忍气吞声。这就不是一个闭环，只是一条直线。

2.0 时代：美国的 20 世纪 80—90 年代，以及中国的 2000—2010 年前后，供过于求是常态，过去手上能生产好产品的企业，再也不能统领渠道、顾客了，渠道越来越强，比如国美、京东、苏宁、天猫等等，都是在那个时代慢慢占了上风，因为他们比制造企业更贴近顾客，更了解他们的喜好。营销分成了两个部分，广告传播被称为“线上”，折扣促销被称为“线下”，从业者开始割裂看待线上线下，把做品牌建立、知名度等看得“高级但虚无”，把渠道销售看得“低端但有效果”。这样的营销，自然也无法在顾客端形成闭环，企业里品牌和销售人员为了争夺预算资源，各玩各的。

3.0 时代：美国的千禧年之后，以及中国的 2010 年以后，随着互联网技术的普及，顾客能够更快速地搜集各种产品品牌信息，也能够更方便的表达意见了，顾客真正站到了和企业平等的地位上，有话语权，有充分的选择权。

营销开始要求形成闭环，也就是说，从顾客的需要出发，企业提供合适的产品，渠道提供便捷的购买方式，除此之外，获得一个新顾客的成本越来越高，打广告很贵，开实体店很贵，当然开网店也不便宜，企业和渠道必须精准地找到目标对象，精心维护与老顾客的关系，从而以更低的成本带来更多的销售额，对顾客和企业来说，都能成为闭环。

营销就是这样发展到了今天，营销的闭环也就这样形成了，如果提炼成企业做事简单的过程，就是：

第一步，通过互联网技术（大数据、云计算、共享等）找到精准的目标顾客，分析他们在真实生活中的行为、态度，把他们细分成已有顾客或潜在顾客群组。

第二步，按照不同顾客所能创造的经济价值，也就是销售价值，企业选择该对哪个群组，投入多少资源，投入什么样的产品去真正满足顾客需要。

第三步，企业走进顾客生活，在他们容易接受的场景、时刻，以合适的方式接触他们，以品牌表现吸引他们。这些方式既包括传递品牌讯息的广告、公关等等，也包括刺激销售的打折、优惠活动等等。

第四步，评估营销活动的回报，以销售额增长、品牌价值提升等指标来衡量活动是否取得既定的目标，并且进行调整和修正。

第五步，做事后分析和长期规划，长期来讲，提高品牌资产、优化顾客资产，并且在资本市场上转化为市值提升或股东价值回报。所以可以说，营销的闭环，由于有了互联网与新技术的发展，而变成了可能；进一步的，因为技术的复制越来越容易，企业靠产品在功能上创新而长期取胜，也就越来越难，将品牌建设成一种资产，也就成为必要的任务了；也正因此，如今企业真正做营销，肯定不是在“技法”层面上标新立异，而是在“心法”层面上，想通，做透，把营销上升到战略的高度去筹划，才可能真正发挥它的效力。

随着互联网的多元化发展，互联网的销售渠道变的多样化。互联网也从单一的传播媒介，演变成为产品销售，品牌营销，客户服务，智能大数据的平台。

①建立线上信息据点。因为互联网的发展，消费者处于一个信息爆炸的时代，人们接受信息，不再是通过传统媒介单一的单向接收方式，而是在各种海量信息之间去寻找最优选择。选择的方式更倾向于自己的社交圈。在信息传播的出口建立信息的据点，让消费者快速有效地找到产品信息，增加品牌的曝光度，跟传统线下零售在核心关键渠道快速铺货，建立产品的曝光度，是一个道理。网络营销闭环第一环：系统化的建立线上信息据点，让产品能够快速展现在目标消费者面前。线上的信息据点建设应该是按照点线面的原则，逐步覆盖。把控搜索引擎的信息传播途径。围绕搜索引擎深挖，方便聚集在不同板块内的消费者发现品牌。通过电商平台的入驻和自建商城的建设，建立出货的通路。消费者能够通过通路购买产品，并参与产品的互动，反馈意见。通过自身传播线的建设，传递出品牌的权威性。

针对品牌的公关传播，实现平台销售线的突破。信息的传播和销售是紧密关联的，持续关注，赢得更多一次的互动，不管是微信的分享互动小游戏，还是微博的关注分享转发，多一次的亲密接触，在整个循环内构成了网络营销的信息流通面。

②深挖产品深度。在过去的网络营销过程中，依托线上的高人气销售，衍生了很多的网络品牌自身。不管是淘品牌，还是O2O品牌。这些所有的品牌在营销的过程中，都能够充分的传递产品卖点到消费者，逐步深挖产品深度。在消费者内心建立起信任感。从线上三只松鼠凭借自身休闲卡通的形象，赢得消费者的第一次亲密接触，到后期深度挖掘出的人性化服务，从而沉淀中“慢食快活”的品牌理念。网络营销闭环第二环：深度挖掘产品深度，让消费者记住你。

③人无我有。古往今来，人无我有始终是商贾的生意理念。在资源匮乏的年代，人无我有讲究的是产品的稀缺性可以卖个好价钱。回到这个资源丰富的时代，“人无我有”更应该体现的是独一无二和新奇特。

甲说：“请问你们谁见过8头的三七吗？”（“8头三七”是三七中非常稀奇的品相，且价格不菲。）

大家说：“没见过？”

接着甲说：“我家里有好几个呢，大家可以来参观。”

第二天，8头三七成为大家津津乐道的话题。

从此之后，但凡别人问谁家有8头三七，大家都说甲有。大家一致认为甲是非常有实力的三七种植户。接着甲把产品价格提高，但买家依然络绎不绝。

传统销售门店内往往会陈列价格昂贵的稀奇产品，向消费者展示自身实力，让消费者产生信任感。稀奇产品无影中拉升店铺产品的深度。网络营销更应该深挖产品的深度，挖掘产品的深度，借助产品的独一无二的部分，去扩大自身在消费者内容的影响力。

④人有我精。互联网时代是一个看脸的时代，很多时候因为双方的不了

解，所以第一印象决定双方是否愿意尝试，而网络营销更因为不能实际触摸，所以视觉包装决定消费者是否愿意尝试使用你的产品。好的产品在包装上体现的一定是两部分，第一部分是产品的卖点，第二部分是产品传递的理念。所以视觉的传播，应该做精。精细化的表现超出产品本身的商品价值，拉升产品的升度。

⑤销售场景化。每一个人都是生活在不同的场景交织的环境里，在不同的场景里产生不同的需求。而作为产品销售者，就应该针对不同的场景给消费者设计该场景下方便使用的产品。网络营销同样需要场景化的营销方式。从简单的在页面上设置专题活动页，赋予专题页面概念，到落地，到产品优化，不断挖掘场景下的产品需求，把产品的场景化设计运用做到最简单，把使用者的智商拉到最低线，这也是所谓的小白心态。

⑥话题引爆网络。营销是通过信息的传播来实现的，“酒香还需多吆喝”更符合在整个网络环境下的营销推广。吆喝得好，才会有更多的人知道你，使用你的产品。如何吆喝，并且让更多的人参与到吆喝的队伍中来，这就是所谓的口碑营销。而故事和话题是最容易被消费者分享和传播。所以，挖掘自身产品独一无二的特性，制造与产品相关的话题，让目标人群参与话题的讨论是网络营销推广重要一环。

9.6 复购

9.6.1 提升客户重复购买率

现在很多人在说淘宝难做，认真想想为什么难做了？

因为淘宝把本来畅通的流量卡死了，跟收费站一样，一段段地限行收费，卖家那么多，淘宝日均 4 千万的 UV 分到每个人头上，汤都不会剩下一点，所以流量一天比一天贵。

为什么那么歇斯底里地渴求淘宝的流量了？

因为没有老客户的积累，没有死忠客户、精准粉丝的积累；没有他们的支持，我们只能一次又一次，吃力不讨好地去转化新客户。

什么样的客户才是死忠客户、精准粉丝客户？

现实地说，就是重复在你家购买产品 3 次打底，5 次以上，形成规律消费的那种客户。

以上三个提问，是让大家明白提升客户重复购买的重要，它才是微商生意持续兴旺的核心。知道了重要性，知道了核心之后，来看看具体怎么做吧。

（1）池塘，抓潜

这两个词很多人不止一次听过，但领悟实际意思的人很少。所谓“池塘”是指你的客户数据库，所谓“抓潜”，是潜在客户全部收集到你的池塘里。

为什么要这么做？这么做有什么好处？

因为可以让我们培育信任，增加沟通，方便下面会讲到的聚会沟通等。最重要的是，你可以经常在“池塘”里发布广告，精准用户全在你的一亩三分地上，要精准有精准，要效果有效果。这比微信朋友圈乱发硬性广告强太多了，因为一个是主动获取你的广告，一个是被动强塞的广告。当然，广告频率也要适可而止，不然好不容易培育的信任和黏性，也会被你挥霍光的。

（2）做好服务

产品暂时有瑕疵没问题，态度和服务一定要到位。从客户点开链进入店铺，到后来收货确认评价，等等，要让客户觉得在你这里买产品、很舒适。产品有瑕疵，服务来弥补；服务跟不上，态度要到位。很多客户不满，就是认为自己受到了轻视慢待。说白了，就是对商家的态度不满，觉得自己“上帝”的权利，没有得到保障。

简而言之，别让客户在我们这儿受到委屈，别让他有种花钱找罪受的感觉，这是基本原则。有了这个前提，客户才会觉得舒适、开心。

（3）完善顾客对产品和服务的需求

你的态度，决定了客户对你的认可度，而产品和服务是客户选择你的根本。如果微商的产品和服务不到位，就算态度再靠谱，客户也会抛弃你。我们建议微商至少要做到以下两点：

①个人微商可以经常跟客户聊天交流，企业需要有一套完善的制度，每日每周汇总客户的牢骚、抱怨和明确的建议；

②知己知彼，如果你是卖移动电源的，那你就把移动电源人气排名和销量排名的 TOP3 全部收集起来，吸取竞争对手各方面的优势，来调整、优化自己的服务。

（4）让客户付出更多

通常情况下，客户付出越多，越难以割舍某样产品，付出分两种：一种是行动上的付出；另一种是金钱上的付出。

通常的做法是，在第一步抓潜完成后，开始小额的产品销售。这里有个注意事项，就是你卖的产品单价一定要比实际价钱低，这个看个人资金情况，但要求是一定要一眼就看出买这个就是占了便宜。开始的时候小额销售，单价不要超过 50 块，做个几次，客户尝到甜头了，对你的信任自然而然就有了。这个时候，你就可以直白地销售你的产品了。

最终销售的产品实际客单价越高，成交效果越好。所有的信任都是一点一滴积累的，让一个完全陌生的人对你的产品品牌死忠是不可能的，只有一点一滴积累，积累完成后，不要肆意挥霍这个信任，拿残次产品来高价销售是砸自己的脚，除非你想一锤子买卖，不然不要做。

（5）组织聚会，增加真实性，增加信任度

很多品牌很多组织都在搞线下活动，网络毕竟是虚拟的，但实际见面聚会就不一样了。你见过真实的我，我见过真实的你，人们在网上交流会更愿意付出。而且线下聚会的快乐和兴奋，也会发酵到网上。你会发现，没做过线下聚会的群，和做过线下聚会的群，活跃度和群友黏度简直不可同日而语。

（6）用相关的产品和服务来延伸顾客需求，打造一站式购物的根基

不管是谁，买东西都希望快捷方便，更何况是网上，尤其是淘宝，在

不同店买，还要付多个快递费。所以，我们可以把主营产品相关的产品和服务都延伸开来，让顾客选购的时候更轻松方便，对你的依赖不就是更深了吗？

比如，你是卖移动电源的，那你是不是可以尝试再搭配一些手机平板后背支架、数据线、贴膜等呢？节省顾客的时间精力，你的商品链价值也随之被放大了。

过不了重复购买这一关，许多企业只能够盈利甚微地勉强生存，无法实现效益和规模的放大。有些企业，甚至像 PPG 一样，卖得越多亏得越多，埋下一颗定时炸弹。

任何营销活动无非是要达到两个目的：一是增加客户数量；二是增加消费频次。重复消费的关键是让消费者对品牌或对产品产生一种依赖，变成品牌的忠诚顾客。

以胶原蛋白产品为例：胶囊每天吃 2 粒，一瓶 60 粒吃 1 个月；口服液每天喝 1 支，一盒 8 支喝 8 天；谁的重复购买基础更好，大家一看便知。

科学设计主营产品，是重复购买率的重要保障。对于大部分企业，用什么产品主打市场，一开始就要想个明明白白。成功营销主要得益于手中的三张王牌：产品、品牌和战略。具体来讲，就是选择好的产品，好的产品应该是消费者真正感受到产品的价值所在，且愿意长期消费的产品；给品牌起个好名字，即名字容易记忆、产生好的联想和被消费者所喜爱，好的品牌能够为产品带来高附加值；做好营销策划，即通过策划营销活动，使企业获得丰厚的市场回报。

也有些企业，产品本身的重复购买性就不强，比如衬衣、家电等。一件衬衣穿两年，一台电视看 8 年，怎么办？对于这类“先天不足”的复购产品，就要通过产品线的延伸设计来保障企业后续盈利。比如，凡客诚品后续增加了女装、夹克、鞋类、床上用品等品项，都是为了增加复购率和交叉销售，使企业的财务更健康。

设计好产品和产品线，是达到高复购率的第一要素。

第二要素是消费体验。一些企业说："这个我懂，产品的质量要好，才能有源源不断的回头客！"答案只对了一半。消费者更看重的是购物体验，有时甚至越过对产品的质量感受。特别是功能效果说不大清楚的产品，比如保健品、护肤品更为显著。

1号店前董事长于刚先生说过这样一个例子：1号店的送货员，在炎热夏天，搬运重重一箱饮料爬上5楼，送到消费者手中，消费者内心是有感动的。是的，消费者永远是不成熟和不理性的，他们往往是从购物体验、拿到产品的感觉、产品特征来感受产品，所以，我们也要借此触动他们、打动他们、占领他们的心智。

如果消费者注定是一个坏孩子，我们就把他惯得更坏吧。所以要对产品设计、包装绞尽脑汁，使其即便摆放在世界知名品牌旁也不逊色。这样消费者拿到手会很欣喜：哇，这么好一件产品，我买对了，买便宜了。企业送到消费者手中的每一张纸，都是一个无声的销售员，带给消费者意外惊喜之后，必然是他发自内心对产品的忠诚。产品包装"远看色，近看花"。在产品终端陈列上，消费者首先感知的是色彩，进而才会了解产品包装上所表现的信息。

卓越业绩来自团队，优秀企业关键在于会管理。如何科学分析企业的复购数据，找到管理的要点并投入精力，是提高复购率的核心。在会员制营销中，一切都可以通过数据找到答案。比如我们通过数据发现：当一个客户在一定时间段产生二次购买后，接下来的三次、四次购买会很自然地发生，只要开好头，其实复购人员不需要很多精力。所以，把提高客户二次购买率，作为保障复购最有价值的指标，制定相应的分配和管理政策，再配合相应市场推广手段的保障，复购率就有了切实可行的保障。

科学管理，是保障高复购率的第三要点。

9.6.2　为什么客户不复购

随着市场的成熟，消费者对商品的选择自由越来越多，对于品牌的忠诚度也就难以专一了。企业对消费者的购买心理越来越难揣测了，感叹生意难做。看看市场上天天如火如荼的降价战、大促销，新闻事件的炮制，无不在让消费者去关注和了解自己的产品，变潜在消费为实际购买。

但往往很多企业在这方面虎头蛇尾，甚至连蛇尾都未出现就销声匿迹了。看似红火了一些时日的产品，没半年就已是惨淡经营。新产品上市之初豪情万丈，广告、促销狂轰滥炸，过了一段时日后，效果并非预期的那样，看着流出去的广告费用不少，曙光却未看到多少，不免犹豫起来，“生存”还是“毁灭”的矛盾油然而生。其实细看看这些新上市的产品，并非无人购买，先期的上市策划也的确起了“热市”的作用，但以一段时间的销售结果作检测的话，发现情况并不妙，原因很多，其中最重要的一点在于未形成“第二次消费”。

“第二次消费”即“重复性消费”。一个产品的生命能否延续，很关键的一点就是看它的市场消费程度如何。重复率购买高的产品一定是生命旺盛的产品，或者至少可以认定是良性发展的商品，它并不一定处于产品生命周期的发展期和成熟期。如果在推广期做好增加产品重复性消费策略的话，后期的销售战略就有良好基础。

相当多的企业在新品上市之初做了大量的工作，以期待良好的开端。企业内部的销售人员努力扩大铺货面，企业推广部的人员努力做好产品宣传，经销商也在企业的种种承诺下，或利益驱使下共同努力地做好产品上市的工作。可是一段时间后发现：固然促销让利，广告宣传起了作用，使消费者产生了购买，但却没有令其继续购买本产品。任何一个产品如果没有持续的被购买，将是一个危险的讯号，那原因何在？归纳下来，可能由以下原因造成。

（1）产品个性不独特

顾客大多在实施购买行为时是盲目的，很容易受购买环境的影响，企业新产品上市之初的系列促销行为，会令部分数量的顾客实现第一次购买，但因冲着种种优惠而买该产品后，发现使用后与原先使用的同类产品差别不大，由于习惯驱使和先导优势，则在下次购买时不会优先考虑该产品。同时该产品的卖点没有比竞争对手更独到的话，这种诱使购买的概率将更小。

（2）竞争对手的原因

推出首轮促销攻势后，竞争对手开始回击，旨在保住自己的市场份额，在终端采取了相应措施，尤其在出样上挤占其他企业，同时进行终端其他的推广措施。由于新产品入市促销攻势已过，很容易被早已入市的企业产品夺回市场，而且那些市场先入者有着更良好的市场基础和市场经验。

（3）渠道的原因

对于经销商来说，没有名牌商品，只有赚钱的工具。哪个产品利润大、好卖，它就对哪个产品用心。若企业没有及时履行对经销商的承诺，经销商就会消极对待，销售不佳也在情理之中。至于零售商，因产品终端陈列不佳，没有特别的推荐行为，自然没有销售佳绩可言。

（4）产品自身原因

产品在当初开发过程中存在先天不良，企业技术人员过分强调其技术含量，而忽视消费者的直观感受。或者功能上的缺陷，都可能导致失去“第二次购买”的机会。而且某些先天不足，往往只有进入市场，通过消费后，才会产生令企业意想不到的问题。由于产品本身无大品牌支持，就难以形成再度购买，毕竟消费者是明智的。

新产品上市，未能形成持续的热销的原因很多。除以上几点外，还存在营销手段不恰当、终端执行不力、市场调查不充分造成的草率决策等原因。

若想真正做好产品，必须在从酝酿——执行的过程中，仔细走好每一步。新产品的成功是众多市场因素的合力造就的。

第10章　微商营销策略

10.1　粉丝经济

10.1.1　粉丝经济的定义

粉丝经济泛指在社交网络时代，架构在粉丝和被关注者关系之上的经营性创收行为，通常情况下有着较高知名度的明星、偶像和行业名人是社交平台上被关注的热点，并因此有着很高的经济价值。粉丝经济以情绪资本为核心，以粉丝社区为营销手段，不断增值情绪资本。粉丝经济以消费者为主角，由消费者主导营销手段，从消费者的情感出发，企业借力使力，达到为品牌与偶像增值情绪资本的目的。

10.1.2　粉丝的社会学属性

从社会学角度看，粉丝是一种有特殊属性的社会群体，它具备社会群体的一般特征：

有明确的成员关系；

有持续的相互交往；

有一致的群体意识和规范；

有一定的分工协作；

有一致行动的能力。

这一社会群体是固定的、有规律的、情绪性的投入群体。从狭义层面上看，粉丝不仅仅是对这些话题有浓厚的兴趣，而且对其有较为深入的了解，并愿意为自己的兴趣而付诸各种各样的支持性的行动，以期待放大自己的兴趣所产生的协同效果，甚至期待以行动扩大这种热点的不断扩散，获得更加多的粉丝加入和支持。

在主流文化曾经主导一切、非主流文化日益兴起的多元的西方社会，粉丝经济早在20世纪90年代就已经初显端倪。

在文化娱乐和媒体行业，英国学者西尔斯观察到，在从“广播”到“窄播”的媒介工业转型中，忠实的粉丝变成了最有吸引力的消费者。电视台如果想赢利，不必追求最大数量的普通观众，只需要制造和迎合一定数量的最忠诚的观众。在制造业，后福特主义的生产条件下，资本的弹性积累要求生产者在产品的设计、生产和营销过程中密切注意消费者的反应，以便更好地捕捉变化不定的市场需求。

许多企业都意识到，粉丝对于产品的情感投入，其实是一种宝贵的情感资本。品牌的价值就在于粉丝（消费者）与品牌所建立起来的持久的情感联系。在新兴的互联网行业，粉丝为了满足个人的情感需求，甘愿在所青睐的对象上花费大量的时间和精力。他们的无偿劳动，构成了网络新经济的主要价值源泉。当前，用户主导的早期的博客模式（如Myspace）、社交网络模式（如Facebook）、微博客模式（如Twitter）、大多依靠粉丝（用户）贡献人气、流量和内容。粉丝的“眼球”和“口水”，成了社交网络群体发展壮大的关键因素。

10.1.3 如何玩转粉丝经济

近两年粉丝经济大行其道，特别是微信火爆之后，直接推动了粉丝经济的普及和发展。若是圈内人士，微信上没个几千好友都不好意思跟人打招呼;

若是企业，不建个微信公众号几乎就是落伍的迹象。当然，并不是说粉丝经济不好，相反，粉丝经济是一个可以解决问题的好概念。但是很多人把“粉丝经济”理解偏了。

（1）粉丝经济的现状

很多微商把粉丝经济理解成了就是在微信建个公众号，然后拉人和发广告，生生地把这么一个“高大上”的存在变成了“拉客经济”“小广告经济”。一些微商为了让人关注自己的公众号更是绞尽脑汁：做酒店的关注微信号后免费提供无线上网密码，做饭店的关注微信公众号之后送饮料或是打折，做食品的关注后直接送食品，还有的实在没东西送，直接送美女——招上若干美女穿上性感的比基尼，现场邀请人关注。

有了关注者之后，便是日日小广告伺候：各种微商的宣传稿、产品介绍、促销活动，或是各种转载，什么心灵鸡汤、励志故事、经典语录、新闻八卦。甚至有些微商将微信公众平台当成了个人朋友圈，结果导致现在朋友圈里充斥着各种广告、段子和鸡汤。可悲的却是居然还有人把这些奉为经典大力传播。

（2）为什么要玩粉丝经济

首先要明白为什么要玩粉丝经济，其本质是什么。而这又离不开先得弄明白网络营销本质是什么的前提。

在传统商业里，营销追求的目标是“品牌”——毕竟品牌会对消费者的购买决策造成非常重要的影响。这些在没有互联网之前或许非常适用，但是，在互联网时代之下，有品牌也不一定卖得好。因为互联网打破了地域限制、消除了各种信息不对称现象。

传统模式下，有各种地方品牌、行业品牌，但是有了互联网后，大家发现所有的同类品牌都是在同一平台竞争，大部分消费者只会选择行业里有限的几个知名品牌。所以互联网行业里有一句话——互联网的江湖只有老大，没有老二。虽然说得有点绝对，但是不无道理。在这种情况下，粉丝经济的出现是偶然，也是必然，是顺应时代的产物。在互联网时代下，光有品牌不行，还要有粉丝。在当下，得粉丝者得天下。

（3）粉丝经济的核心

从字面来看，一是“粉丝”，二是“经济”。

“粉丝”是指你如何聚来人，让他们变成粉丝；“经济”指有了粉丝后，通过运营将粉丝盘活，产生商业价值。先说说如何玩转粉丝。在说明白这个问题前，要先弄清楚三个词汇的意思：客户、用户、粉丝，这三者是有本质区别的，或者说是三种不同的价值导向。

以前的企业信奉“客户就是上帝”，强调的是“客户”，其核心是“成交”。交易结束了，基本上关系也就结束了。而“用户”这个概念，是自互联网火爆之后渐渐开始流行的。用户的核心在于“用”，也就是说消费者买了你的产品，开始尝试使用时，你们的关系才刚刚开始。所以互联网时代的企业强调的是“用户”至上，做的一切工作是围绕“体验”进行。这种价值导向的改变，是因为随着时代的发展和进步，物质越来越丰富，甚至到了泛滥的地步。互联网又打破了各种信息不对称，将各种产品拉到了同一平台竞争。那粉丝的核心又是什么呢？首先想想粉丝有什么特征，粉丝喜欢一个人或是事物，往往都是基于情感的方面的，甚至是不理性的、无条件地喜欢或是爱。

所以，粉丝经济的核心在于情感，要从情感上去征服用户。那么，如何才能打动消费者，让他变成你的忠实粉丝？

①定位。这有点老生常谈了，但是又必须要谈，做营销、做品牌、做产品，好的定位都是第一步。小米手机为什么能俘获粉丝的心？在小米出世之前，想买一款又便宜、又有面子、又好的手机几乎是不可能的，而小米手机的定位恰恰就是低价位、高品质，其定位本身就已经很能打动人了。

②产品。产品好是基础，比如像做食品的不用地沟油、不用过期食材、生产过程安全卫生、不用有害的添加剂等。这正是目前很多企业欠缺的，加上现在不仅讲究产品要好，还讲究做“尖叫型”的产品。

③思想。好的产品应该是有思想的，在现实中，能俘获大量粉丝的人

往往也是因为思想。

④体验。体验好不仅仅是说产品质量好就可以的，甚至就算是质量一般的产品，也可以体验很好。360 出世之前，各种安全软件已经非常多了，360 当时在许多方面甚至还不如它们，但为什么能后来居上？原因就是体验好。比如说以前的杀毒软件，界面复杂、术语太多，用起来很费劲。但是 360 的界面非常“傻瓜”，主界面只有几个按钮，事实证明，360 是对的。

⑤服务。有人将服务归到了体验里，我又把他们分开了，同样是为了便于大家理解。体验好你可以理解成产品本身的使用过程，而服务是产品以外的东西，比如说售前、售后、维修等。而好的服务应该是超出用户心理预期的，如海底捞、海尔等。

⑥其他。人、故事、案例等本身也可以成为打动用户的点。像褚橙就是通过褚总的故事、精神等去打动消费者的。总之，各种能够从情感、思想方面打动用户的都可以尝试。

上述种种元素落实在具体操作时，最核心的是还要有一个和用户链接的点，要有一个能够和用户顺畅联系和沟通的渠道或平台，而且这种沟通应该是双向的且能经常持续的，只有持续地和用户发生关系，感情才能产生并逐步加深。有了互联网，这一切成为可能，尤其是微信的产生。很多人把微信当成了软文平台、促销平台、广告平台、销售平台等，这种定位和沟通方式是很难俘获用户的心的。微信的核心在于沟通，这点是大家首先要明白的，那沟通什么呢？

首先它应该是一个反馈平台，但现实却很少有实业公司的公众账号会增加用户的点评、反馈这样的功能。

其次是关怀平台，我们要通过微信平台去关怀用户。具体怎么关怀，要根据你的产品特征和用户特征来。

再次是服务平台，通过微信号，向用户提供各种增值服务，或是让现在的服务变得更加完善。这一点上，很多企业是做得不错的。比如一些酒店在线预订、一些航空公司的在线选座等。

最后是交流平台，企业应该学会和用户经常的交流，只有经常交流才能加深感情。以上说的，都属于交流的形式，除了这些形式，还可以是通过一些小游戏、各种有趣的有奖活动交流，也可以是通过视频、文章等方式交流。

当然，这里说的文章绝对不是企业的新闻稿或软文，而是真正能给用户带来价值或是触动用户的内容。不过微信只是玩转微丝经济的一个重要工具和平台，是粉丝经济中的一环，绝不是全部，还要配合其他策划、方法和工具。

（4）粉丝经济的形成

粉丝经济的形成基本分三步：

让人喜欢你；

持续喜欢你；

卖给他东西。

不要看到别人玩粉丝经济玩得好，就一窝蜂地去玩。很多公司看到小米火了，迫不及待地也想自己玩粉丝，盲目照搬参与感，让粉丝成为自己的宣言书、宣传队和播种机，最后很有可能就是个东施效颦的结局。

首先，要玩粉丝经济，我们前面讲的第一步，要让人喜欢你。通常这种喜欢寄托在“魅力人个体”上。第二，粉丝经济是时代的产物，每个时代都有特定的粉丝经济，但同一个实体很难跨越时代持续吸引粉丝。粉丝经济的形成是基于价值认同和情感归属，并非对产品本身的强需求。怎么会有人真的认为锤子值 3000 块钱？但是锤子加上罗永浩的相声，值 3000 块！而这种价值认同和情感归属最终形成粉丝经济都存在的某种时代的偶然性。粉丝经济在中国早就出现过，梨园行里角儿们也曾经粉丝无数，赚钱无数，他们满足了那个时代的需求。但现在有几个人愿意给角儿们打赏呢？当初他们靠着台下的大爷打赏，就可以活得很好，现在就连京戏的维系都得靠公园里的大爷了。所以，李宇春、鹿晗和 TFBOYS 们，如果不是在合适的时间以合适的面貌出现，可以肯定他们不会是今天的模样。

时代的需求会不断地发生变化，今天吸引小米、罗振宇、罗永浩，当社会的整体状态发生变化时，就不一定继续吸引了，当然就不再谈得上粉丝。拿罗辑思维来讲，被认为是迎合了当前中国中产阶级作为一个阶级在形成阶段的认知饥渴和自由主义价值观的潜在流行。但这对于中国社会只是一个阶段，当这个阶段过去后，罗辑思维如何继续吸引粉丝？罗辑思维所代表的时代需求还算偏长期，而 TFboys 和鹿晗所代表的时代需求更具偶发性，必然没落得更快。以上两点注定了粉丝经济只能是少数人玩，只能是对应特定的时代需求。

很显然，粉丝经济满足的不是生理需求，甚至也不是物质需求，是安全感、情感和价值需求。是社会在脱离了基本的生存危机后自然形成的需求，有其必然性。但哥德尔讲，任何系统，凡是自洽的，必是不完全的。粉丝经济也存在着明显的边界。粉丝经济的持续其实是基于某种情感和价值垄断，这与传统商业中的渠道垄断和品牌垄断并无二致，结果也无非是多买我的东西，少买其他人的东西。但再垄断，在粉丝那里也只能占据一个“情感扇面”，不是整个“情感圈”，会有其明显的边界。

对大学的女神们来讲，通常很难接受一个男屌丝的追求，但很少有人排斥追求，这些备胎们就是女神的粉丝，所以女神可以让屌丝们帮忙打水、占座、买早餐，屌丝们自己也高兴，这就是粉丝经济。但女神不能让屌丝帮忙给自己心仪的男神传纸条，这就超越了这个情感边界。所以，罗辑思维卖书通常都卖得很好，因为罗辑思维的价值边界是获取认知，但卖月饼就卖得不太好，没什么特别的原因，过界了嘛。情感可以被垄断，但不可以被绑架。所以，粉丝经济不是万能的。而且，粉丝经济也未必是最高明的。

《道德经》评价君王的一段论述可以用来做类比：太上，不知有之；其次，亲而誉之；其次，畏之；其次，侮之。粉丝经济基本可以归类为“其次，亲而誉之”，而真正牛的企业是高通这种，如果不是在几个反垄断案中的报道，很多消费者都不知道这个企业，其实其已经默默地赚着比小米这种前台企业多很多的钱好多年了。玩不了，玩不好，不好玩。

对一般的企业来说，粉丝经济完全可以总结为这三点。与其花苦功夫去追求粉丝经济，不如切实发掘自己的优势到底在哪里，从商业的本质出发去寻求答案。

案例

微视：360° 看香车美女

广州车展用“微视”360° 动态看美女，遥控美女大秀爱心，大变“土豪金”豪车，为豪车拍摄 8 秒微视宣传片……各种新鲜的玩法让网友直呼过瘾。凯迪拉克和 FM1052 羊城交通台分别发起了“8 秒爱上凯迪拉克 ATS”和“车展辉煌耀羊城”的互动活动，吸引了众多车迷参与，一时间，代表移动社交新趋势的微视席卷了整个广州车展。在车展现场，腾讯微视还开展了“微视 8 秒找好车找美女”赢奖品活动。观众使用互动展厅的 iPad 自拍微视，留下车展感言、趣味表情或创意心情，或发布微视展示眼中的好车、美女，并添加“8 秒找好车”或“8 秒找美女”就可以入围，获得 QQ 公仔。如果同步分享至微信朋友圈为自己拉“赞”票，还有机会赢取神秘大礼。其中，在“5 分钟你能拍几个车模”的互动环节中，冠军利用 8 秒微视分段拍摄功能在 5 分钟内竟然拍到了 24 名车模。

奔驰 smart：3 分钟销售 388 辆

2014 年 4 月 21 日 10 点整，跨界灵感之作 smart BoConcept 特别版携手微信正式开售。388 辆 smart BoConcept 特别版在 3 分钟内被抢购一空！自 4 月 14 日预售活动开启后，共有 6677 位客户参与 smart 微信专场抢购，火暴程度让人始料未及。此次 smart 携手微信独家发售限量版车型，利用微信平台社交服务属性、天然的沟通优势，以及移动设备的便利性，实现快速、便捷地完成大宗交易，成为首个借助移动终端实现销售的汽车品牌。更为与众不同的是，奔驰选择与腾讯合作以 O2O 模式售车，通过微信平台独家发售全部 388 台限量车型。消费者通过微信移动支付平台进行预订和抢购，预约信息提交后仅仅 24 小时，消费者就接到客服的电话预约到线下 smart 经销店看车。一周后，成功抢到车的幸运儿们拿着确认短信即可到提前选定的经销店交全款提车了。

10.2　蜂鸣营销

蜂鸣营销，俗称“口头宣传营销”，是传统的“口耳相传”方法在新经济下的创新营销方法。口头宣传营销的英文术语“Buzz Marketing”中的“Buzz”，意即“叽叽喳喳的声音或嗡嗡声”。因此，也有人将 Buzz Marketing 译成“蜂鸣式营销”。是一种主要通过人们（可以是消费者，也可以是企业的营销人员）向目标受众传播企业产品（或服务）信息而进行的非常廉价的营销方法，蜂鸣营销主要基于人们对于企业产品和服务的直接体验。麦肯锡咨询公司 2002 年 5 月的一项调查显示，有 2/3 的消费品的销售都在不同程度上受到了蜂鸣营销等非传统营销手段的影响。同时，大众媒体的购买费用和广告制作费用却越来越高。正是在这种背景下，蜂鸣营销成为新经济条件下营销界最热门的名词之一。

10.2.1　蜂鸣营销的优越性

蜂鸣营销是一种灵活的、有别于传统方式的市场营销手段，能在不经意间创造出其不意的效果。

（1）营销增长成几何级放大

蜂鸣营销就像是一个增生反应堆，在十个人中，如果每个人有十次经历，那么就产生了一百次的直接经验。如果每人再将自己的经历告诉十个人，那么经历的次数就会增加到一千次。它能接触到更多人，像野火一样蔓延。相反，一份印在杂志上的广告只能被少数固定读者看到，曝光范围也只限于直接阅读和相互传阅的读者。

（2）节省营销费用

在今天的信息世界中，人们已经淹没在广告和超量信息中，人们的购买决定过程更加复杂，蜂鸣营销省去了越来越高昂的媒体购买和广告制作费用，传播费用极低，因为维护一个老客户的费用仅仅是开发一个新客户的1/5。

（3）比真诚的推销更能获得信任

蜂鸣营销创始人埃曼纽尔·罗森认为："消费者都有自己的个人圈子。他们基本不听厂商的推销，但都听朋友说的话。"口头传播的扩散速度令人称奇，不需要很长时间，每一个人就会听到关于某个产品的优点是什么，这样会使用户得到信息变得更加可信，因为"所有人都在谈论它"。蜂鸣营销实际上是让他人参与了信息搜集、产品试用并承担了相应的风险。这一方法节省了时间、减少了资源的损耗、降低了自行运作的风险。

（4）高投资回报率和传播到达率

蜂鸣营销效果可以度量，具有很高的投资回报和传播到达率，它促使人们立即采取行动。大量的研究发现，口头传播成了购买行为的触发器。在同事或朋友之间的闲聊中，一个产品如何如何，常常是热门话题。

10.2.2 蜂鸣营销实施步骤

蜂鸣营销是一个需要精心策划的项目，可以像做广告、促销那样进行策划和控制，其中任何一个环节的疏漏都可能造成信息无从传播。蜂鸣营销不能被有效利用，恐怕是营销活动中最危险和可惜的失误。推动蜂鸣营销有一个过程，包括以下六个步骤：

第一步：弄清楚用户为什么购买你的产品。从顾客的角度对产品进行分析，明白你公司产品的核心竞争力在哪。如果做不到这些，说明你还没有为实施蜂鸣营销做好准备，尚有许多问题需要解决。

第二步：识别主要的市场需求形态，明确将来努力的方向。针对产品生命周期的每一阶段，市场上都会有相应的需求形态。新产品侧重于创新和时髦；而很多的产品在走大众化路线，甚至是已经落伍。

第三步：明晰用户接受产品的决策步骤。通常来说，顾客做出购买决定的过程包含几个步骤，最后才产生实际的需求行动。有时候，其中的一个或几个步骤会成为瓶颈。如果没有瓶颈存在，产品就会卖得很火，即使工厂开足马力生产也无法满足旺盛的需求。

第四步：传递用户最愿意听到的信息。

第五步：建立有说服力和煽动性的信息传递机制。如今，随着微信的发展，蜂鸣营销的途径更加广泛，也赋予了这种推广方式新的含义。

第六步：蜂鸣营销的实施。在实施这一步骤之前，所做的一切都只是准备工作。选择不同的媒介机构精心组织这项活动，不同的人对集会、电话会议、在线活动和集体讨论有不同的偏好。

10.3 关系营销

关系营销，是把营销活动看成是一个企业与消费者、供应商、分销商、竞争者、政府机构及其他公众发生互动作用的过程，其核心是建立和发展与这些公众的良好关系。1985 年，巴巴拉 · 本德 · 杰克逊提出了关系营销的概念。

10.3.1　关系营销的定义

所谓关系营销，是把营销活动看成是一个企业与消费者、供应商、分销商、竞争者、政府机构及其他公众发生互动作用的过程，其核心是建立和发展与这些公众的良好关系。

德克萨斯州 A&M 大学的伦纳德·L·贝瑞（Leonard L. Berry）教授于 1983 年在美国市场营销学会的一份报告中最早对关系营销做出了如下的定义："关系营销是吸引、维持和增强客户关系。"在 1996 年又给出更为全面的定义："关系营销是为了满足企业和相关利益者的目标而进行的识别、建立、维持、促进同消费者的关系并在必要时终止关系的过程。这只有通过交换和承诺才能实现。"

工业市场营销专家巴巴拉·本德·杰克逊从工业营销的角度将关系营销描述为："关系营销关注于吸引、发展和保留客户关系。"

摩根和亨特从经济交换与社会交换的差异来认识关系营销，认为关系营销"旨在建立、发展和维持成功关系交换的营销活动"。

顾曼森则从企业竞争网络化的角度来定义关系营销，认为"关系营销就是市场被看作关系、互动与网络"。

库特在他的一篇文章中，将众多针对关系营销的研究成果划分为三个大流派：英澳流派、北欧流派以及北美流派。库特认为，英澳流派主要建立在克里斯托弗、佩恩和巴伦泰恩的研究基础之上，强调的是将质量管理、服务营销理念和客户关系经济学紧密地联系在一起。北欧流派来源于以克伦鲁斯为代表的北欧学者们的研究成果，建立在将工业营销的互动网络原理、服务营销理念以及客户关系经济学相结合的理论基础之上。北美流派则主张在企业内部就买卖双方的关系进行强化教育，并相应地提高企业在这方面的经营管理水平，其中以贝瑞和李维特的研究成果最具代表性。关系营销是从"大市场营销"概念衍生、发展而来的。

1984 年，科特勒提出了所谓的"大市场营销"概念，目的在于解决进入国际市场的壁垒问题。在传统的市场营销理论中，企业外部环境是被当作“不可控因素”来对待的，其暗含的假设是，当企业在国际市场营销中面临各种贸易壁垒和舆论障碍时，就只得听天由命，无所作为。因为，传统的 4P 组合策略，在贸易保护主义日益盛行的今天，已不足以打开封闭的市场。要打开封闭的市场，企业除了需要运用产品、价格、分销及促销四大营销策略外，还必须有效运用政治权力和公共关系这两种营销工具。这种策略思想称为大市场营销。

虽然关系营销概念直接来自科特勒的“大市场营销”思想，它的产生和发展同时也大量得益于对其他科学理论的借鉴、对传统营销理念的拓展以及信息技术浪潮的驱动。首先是对其他科学理论的广泛借鉴。这种借鉴主要来自系统论、协同学的役使原理和传播学的交换理论。

①系统论把社会、组织及其他事物都看作是一个个的系统，而这些系统又是由若干子系统所构成的。整个系统的运转就依赖于这些子系统及其构成要素间的相互依赖和相互作用。依据系统论的观点，企业就是一个由子系统组成的并与其所处环境有可确认的边界的系统，研究者和管理者需要了解子系统内部和子系统之间以及企业与环境之间的相互关系，以便确定关系的模式或各变量之间的结构，并采取有效措施以保证系统的有效率运行。果真如此的话，企业营销就需要处理和管理好上述各种关系。

②协同学认为，系统的性质的改变是由于系统中要素子系统之间的相互作用所致。任何系统运动都有两种趋向，一种是自发地倾向无序的运动，这是系统瓦解的重要原因；另一种是子系统之间的关联引起的协调、合作运动，这是系统自发走向有序的重要原因。役使原理表明，无序即意味着杂乱无章，存在大量不同的可能性。占据主导地位的序参数迫使其他因素和状态纳入它的轨道，从而使一切事物有条不紊地组织起来。而协同本身是一种自组织能力，这种组织能力是以信息联系为基础、通过反馈控制来实现的。

当系统与环境进行物质、能量、信息交换时，自组织能力就体现在控制与调整环境系统内各子系统，使之协同动作，保持系统的和谐有序运转。协同学的这一原理对于研究企业内部及企业与外部环境之间的关系具有重要意义。实际上，协同正是关系营销所要追求的利益。因为系统虽具有自组织能力，但如何减少无序的状态和无序状态保持的时间，对于关系营销来说无疑是一个具有实践意义的课题。

③传播是关系双方借以交换信息的符号传递过程。在这一过程当中，传播的最终目的是使信息的发送者和接收者的认识趋于一致。传统营销中，广告等大众传播方式（单向传播方式）是企业与消费者进行沟通的主要渠道，这一方式之所以能够实现沟通目标，是因为厂商控制着大部分的产品信息，依靠这些有限的信息也可以进行决策。

现代传播将是一种双向沟通，企业与消费者之间的信息交换将经历这样一个过程：首先企业要了解消费者所拥有的信息形态和信息内容，然后通过某种渠道和方式明确消费者对信息的需要，最后才以适当的方式传递信息。

整合营销传播就是对传统营销理论和传播学的抽象和升华，在这个概念里，广告、促销、公共关系、直销、CI、包装以及媒体计划等一切营销活动构成传播的全部含义，并用一致的信息与消费者沟通，即“用同一种声音说话”。从这个意义上说，传播就等于营销，营销的过程也就是传播的过程。其次是对传统营销理念的有力拓展。传统的市场营销理论，以单个企业为分析单元，认为企业营销是一个利用内部可控因素来影响外部环境的过程。对内部可控因素的总结是 4P 组合，即产品、价格、分销、促销策略，营销活动的核心即在于制定并实施有效的市场营销组合策略。但是实践证明，传统的营销理念越来越难以直接有效地帮助企业获得经营优势，这是因为任何一个企业都不可能独立地提供营运过程中所有必要的资源，而必须通过银行获得资金、从社会招聘人员、与科研机构进行交易或合作、通过经销商分销产品、与广告公司联合进行促销和媒体沟通；不仅如此，企业还必须被更广义的相关成员所接受，包括同行企业、社区公众、媒体、政府、消费者组织、环境保护团体等等，企业无法以己之力应付所有的环境压力。因此，企业与这些环境因素息息相关，构成了保障企业生存与发展的事业共同体，共同体中的伙伴建立起适当的关系，形成一张巨型的网络。

对于大多数企业来说，企业的成功正是充分利用这种网络资源的结果。这样，对企业资源的认识，就从企业“边界”以内，扩展到了企业边界以外，即包括所有与企业生存和发展具有关联的组织、群体和个人，以及由这些“节点”及其相互间的互动关系所构成的整个网络。而这些关系是否稳定并能给对网络的成员带来利益的增长，达到“多赢”的结果，则依赖于有效的关系管理，包括利益的共享、通过“感情投资”在伙伴间建立亲密的关系等。最后是信息技术对关系营销发展的驱动。现代信息技术的发展为各种营销伙伴关系的建立、维护和发展提供了低成本、高效率的沟通工具，它解决了关系营销所必需的基本技术条件。正是在上述诸因素的作用下，关系营销自 80 年代后期以来得到了迅速的发展。贝瑞率先提出和讨论了如何维系和改善同现有顾客之间关系的问题。随后，杰克逊提出要与不同的顾客建立不同类型的关系。北欧诺迪克学派的代表人物葛劳罗斯、舒莱辛格和赫斯基则论证了企业同顾客的关系对服务企业市场营销的巨大影响。

今天，人们对关系营销的讨论和关系营销的实践，已从单纯的顾客关系扩展到了企业与供应商、中间商、竞争者、政府、社区等的关系。这样，关系营销的市场范围就从顾客市场扩展到了供应商市场、内部市场、竞争者市场、分销商市场、影响者市场、招聘市场等，从而大大拓展了传统市场营销的含义和范围。关系营销是在人与人之间的交往过程中实现的，而人与人之间的关系绚丽多彩，关系复杂。归纳起来大体有以下几种形态：

①亲缘关系营销形态，指依靠家庭血缘关系维系的市场营销，如父子、兄弟姐妹等亲缘为基础进行的营销活动。这种关系营销的各关系方盘根错节，根基深厚，关系稳定，时间长久，利益关系容易协调，但应用范围有一定的局限性。

②地缘关系营销形态，指以公司（企业）营销人员所处地域空间为界

维系的营销活动，如利用同省同县的老乡关系或同一地区企业关系进行的营销活动。这种关系营销在经济不发达，交通邮电落后，物流、商流、信息流不畅的地区作用较大。在我国社会主义初级阶段的市场经济发展中，这种关系营销形态仍不可忽视。

③业缘关系营销形态，指以同一职业或同一行业之间的关系为基础进行的营销活动，如同事、同行、同学之间的关系，由于接受相同的文化熏陶，彼此具有相同的志趣，在感情上容易紧密结合为一个“整体”，可以在较长时间内相互帮助，相互协作。

④文化习俗关系营销形态，指公司（企业）及其人员之间具有共同的文化、信仰、风俗习俗为基础进行的营销活动。由于公司（企业）之间和人员之间有共同的理念、信仰和习惯，在营销活动的相互接触交往中易于心领神会，对产品或服务的品牌、包装、性能等有相似需求，容易建立长期的伙伴营销关系。

⑤偶发性关系营销形态，指在特定的时间和空间条件下发生突然的机遇形成的一种关系营销，如营销人员在车上与同坐旅客闲谈中可能使某顶产品成交。这种营销具有突发性、短暂性、不确定性特点，往往与前几种形态相联系，但这种偶发性机遇又会成为企业扩大市场占有率、开发新产品的契机。如能抓住机遇，它可能成为一个公司（企业）兴衰成败的关键。

10.3.2　关系营销的层次

一级关系营销：指企业通过价格和其他财务上的价值让渡吸引顾客与企业建立长期交易关系。如对那些频繁购买以及按稳定数量进行购买的顾客给予财务奖励的营销计划。

二级关系营销：指企业不仅用财务上的价值让渡吸引顾客，而且尽量了解各个顾客的需要和愿望，并使服务个性化、人格化，以此来增强公司和顾客的社会联系。二级关系营销的主要表现形式是建立顾客俱乐部。

三级关系营销：指企业和顾客相互依赖对方的结构发生变化，双方成为合作伙伴关系。三级关系营销的建立，在存在专用性资产和重复交易的条件下，如果一方放弃关系将会付出转移成本，关系的维持具有价值，从而形成“双边锁定”。这种良好的结构性关系将会提高客户转向竞争者的机会成本，同时也将增加客户脱离竞争者而转向本企业的利益。

10.3.3　关系营销原则

关系营销的实质是在市场营销中与各关系方建立长期稳定的相互依存的营销关系，以求彼此协调发展，因而必须遵循以下原则。

（1）主动沟通原则

在关系营销中，各关系方都应主动与其他关系方接触和联系，相互沟通信息，了解情况，形成制度或以合同形式定期或不定期碰头，相互交流各关系方需求变化情况，主动为关系方服务或为关系方解决困难和问题，增强伙伴合作关系。

（2）承诺信任原则

在关系营销中，各关系方相互之间都应做出一系列书面或口头承诺，并以自己的行为履行诺言，才能赢得关系方的信任。承诺的实质是一种自信的表现，履行承诺就是将誓言变成行动，是维护和尊重关系方利益的体现，也是获得关系方信任的关键，是公司（企业）与关系方保持融洽伙伴关系的基础。

（3）互惠原则

在与关系方交往过程中，必须做到相互满足关系方的经济利益，并通过在公平、公正、公开的条件下进行成熟、高质量的产品或价值交换使关系方都能得到实惠。

10.3.4 关系营销策略

（1）关系营销的组织设计

为了对内协调部门之间、员工之间的关系，对外向公众发布消息、处理意见等，通过有效的关系营销活动，使得企业目标能顺利实现，企业必须根据正规性原则、适应性原则、针对性原则、整体性原则、协调性原则和效益性原则建立企业关系管理机构。该机构除协调内外部关系外，还将担负着收集信息资料、参与企业的决策预谋的责任。

（2）关系营销的资源配置

人力资源配置主要是通过部门间的人员转化，内部提升和跨业务单元的论坛和会议等进行。信息资源共享方式主要是：利用电脑网络、制定政策或提供帮助削减信息超载、建立“知识库”或“回复网络”以及组建“虚拟小组”。

（3）关系营销的效率提升

关系各方环境的差异会影响关系的建立以及双方的交流。跨文化间的人们在交流时，必须克服文化所带来的障碍。对于具有不同企业文化的企业来说，文化的整合，对于双方能否真正协调运作有重要的影响。

关系营销学认为，对于一个现代企业来说，除了要处理好企业内部关系，还要有可能与其他企业结成联盟，企业营销过程的核心是建立并发展与消费者、供应商、分销商、竞争者、政府机构及其其他公众的良好关系。

无论在哪一个市场上，关系具有很重要作用，甚至成为企业市场营销活动成败的关键。所以，关系营销日益受到企业的关注和重视。

（4）关系营销与传统营销的不同

营销核心。传统营销的核心是交易，关心如何实现交易和吸引新顾客；关系营销的核心是关系，强调如何保持与客户友好关系，获取忠诚客户。

营销对象。传统营销的营销对象只是顾客；关系营销的营销对象则包括顾客、供应商、员工、分销商等与企业利益相关的多重市场。

营销部门。传统的营销部门职责就是完成企业的营销任务，其他的部门很少直接参与企业营销活动；奉行关系营销思想的企业，其营销任务不仅仅由营销部门完成，许多部门都积极参与和各方建立良好关系，营销部门成了关系营销的协调中心。

10.4 整合营销

整合营销是一种对各种营销工具和手段的系统化结合，根据环境进行即时性的动态修正，以使交换双方在交互中实现价值增值的营销理念与方法。整合就是把各个独立地营销综合成一个整体，以产生协同效应。

这些独立的营销工作包括广告、直接营销、销售促进、人员推销、包装、事件、赞助和客户服务等。战略性地审视整合营销体系、行业、产品及客户，从而制定出符合企业实际情况的整合营销策略。包括旅游策划营销、事件营销等相关门类。

10.4.1 整合营销起源

整合营销理论产生和流行于 20 世纪 90 年代，是由美国西北大学市场营销学教授唐·舒尔茨提出的。整合营销就是“根据企业的目标设计战略，并支配企业各种资源以达到战略目标”。传媒整合营销作为整合营销的分支应用理论，简言之，就是从“以传者为中心”到“以受众为中心”的传播模式的战略转移。整合营销倡导更加明确的消费者导向理念，因而，传媒整合营销理论对我国新的改革形势下传媒业的发展应该具有重要指导意义和实用价值。

整合营销是以消费者为核心重组企业行为和市场行为，综合协调地使用各种形式的传播方式，以统一的目标和传播形象，传递一致的产品信息，实现与消费者的双向沟通，迅速树立产品品牌在消费者心目中的地位，建立产品品牌与消费者长期密切的关系，更有效的达到广告传播和产品行销的目的。

现今互联网上，微博、博客、微信、论坛、贴吧等都是企业关注的营销“面包”，每一种营销渠道的出现必然带动行业小浪潮。国家工商总局公布的一组数据显示：寿命在 5 年以上的企业不足 4 成。以互联网为载体，以符合网络传播的方法和理念来展开实施的营销活动，成为企业延伸品牌的公信度与品牌影响力、增强经济效益的有效途径。整合营销正切合当下企业营销需求，达到最佳营销效果，是领先的营销方式，未来也将主宰互联网营销。

忽视互联网的信息传播能力，再好的产品也会在偌大的互联网里淹没。整合营销就可以让每个营销渠道互相关联促进，相辅相成，达到 1+1 > 2 的效果。其实当下，乃至未来，真正的互联网营销其实应该兼具互动传播、活动营销、事件营销、SEO、SEM、SPR 媒体资源整合等多项综合手段，这样整合营销可以将企业信息以更高效的手段向自己的目标用户、合作伙伴等群体快速传递。

10.4.2 什么是整合营销

整合营销最重要的主题是关于目标市场是否更有针对性的争论。营销不是针对普通消费的大多数人，而是针对定制消费的较少部分的人群。“量体裁衣”的做法使得满足消费者需求的目标最大化。我们应该设定的目标是：对消费者的需求反应最优化，把精力浪费降至最低。在这个意义上才能得到理想的营销哲学：营销需要综合考虑更多的目标消费者的点滴需求。

整合营销应该和消费者本身有关，也就是需要全面地观察消费者。一名消费者不仅仅是在某个时间购买我们产品（如牛仔裤）的个人，消费者的概念更为复杂。购买牛仔裤的同一位消费者很可能购买其他的衣物来搭配牛仔裤，这是经常发生的事情。因此，多角度地观察消费者将创造更多的机会，使得消费者不是“一次性购买”或重复购买同一商品。

我们还可以考虑到系统的“跨行销售”和“上游销售”。这个要素对于消费者行为的各个角度来说都是有效的。营销需要综合考虑各个时间消费者行为的其他角度。整合营销必须考虑到如何与消费者沟通。消费者和品牌之间有更多的“联络点”或“接触点”，这不是单靠媒介宣传所能达到的。消费者在使用产品时对产品有更深的了解、打开包装见到产品时、拨打销售电话都是一种沟通，消费者之间相互交谈也产生了“病毒传播”般的销售机会。

2012 年兴起的 SoLoMo 商业模式，Social（社交的）、Local（本地的）、Mobile（移动的），连起来就是 SoLoMo（索罗门），社交本地移动，即社交加本地化加移动，它代表着未来互联网发展的趋势。SoLoMo 数字整合营销模式是指，企业为了促进产品销售而利用互联网络等手段开展的一系列营销行为，是基于 Web3.0 的互联网营销，以用户价值驱动、强调与用户沟通互动等交互式的营销传播。整合营销概念最初是以整合营销传播的形式出现的。

企业应在营销观念上逐渐淡化 4P、突出 4C。制造商的经营哲学更加“注意消费者”。舒尔茨认为，整合营销传播的核心思想是：以整合企业内外部所有资源为手段，再造企业的生产行为与市场行为，充分调动一切积极因素以实现企业统一的传播目标。

IMC 强调与顾客进行多方面的接触，并通过接触点向消费者传播一致的清晰的企业形象。具有如下特征：

①在整合营销传播中，消费者处于核心地位。

②对消费者深刻全面地了解，是以建立资料库为基础的。

③整合营销传播的核心工作是培养真正的“消费者价值”观，与那些最有价值的消费者保持长期的紧密联系。

④以本质上一致的信息为支撑点进行传播。企业不管利用什么媒体，

其产品或服务的信息一定得清楚一致。

⑤以各种传播媒介的整合运用作手段进行传播。凡是能够将品牌、产品类别和任何与市场相关的信息传递给消费者或潜在消费者的过程与经验，均被视为可以利用的传播媒介。随后，整合营销传播开始扩展为整合营销。有人给整合营销下了一个简单的定义：整合营销就是“根据目标设计（企业的）战略，并支配（企业各种）资源以达到企业目标”。菲利普·科特勒在《营销管理》一书中从实用主义角度揭示整合营销实施的方式，即企业里所有部门都为了顾客利益而共同工作；这样，整合营销就包括两个层次的内容：一是不同营销功能——销售、广告、产品管理、售后服务、市场调研等必须协调；二是营销部门与企业其他部门，如生产部门、研究开发部门等职能部门之间的协同。尽管对于整合营销的定义仍存在很大争议，但它们的基本思想是一致的，即以顾客需求为中心，变单向诉求和灌输为双向沟通。树立产品品牌在消费者心目中的地位，建立长期关系，达到消费者和厂家的双赢。

一般来说，整合营销包含两个层次的整合：一是水平整合，二是垂直整合。

水平整合包括三个方面：

①信息内容的整合。企业的所有与消费者有接触的活动，无论其方式是媒体传播还是其他的营销活动，都是在向消费者传播一定的信息。企业必须对所有这些信息内容进行整合，根据企业所想要的传播目标，对消费者传播一致的信息。

②传播工具的整合。为达到信息传播效果的最大化，节省企业的传播成本，企业有必要对各种传播工具进行整合。所以企业要根据不同类型顾客接收信息的途径，衡量各个传播工具的传播成本和传播效果，找出最有效的传播组合。

③传播要素资源的整合。企业的一举一动、一言一行都是在向消费者传播信息，应该说传播并非只是营销部门的任务，而是整个企业所要担负

的责任。所以有必要对企业的所有与传播有关联的资源（人力、物力、财力）进行整合，这种整合也可以说是对接触管理的整合。

垂直整合包括四个方面：

①市场定位整合。任何一个产品都有自己的市场定位，这种定位是基于市场细分和企业的产品特征的基础上制定的。企业营销的任何活动都不能妨碍企业的准确市场定位。

②传播目标的整合。有了确定的市场定位以后，就应该确定传播目标了，想要达到什么样的效果？多高的知名度？传播什么样的信息？这些都要进行整合，有了明确的目标，才能更好地开展后面的工作。

③ 4P 整合。其主要任务是根据产品的市场定位设计统一的产品形象。各个 P 之间要协调一致，避免互相冲突、矛盾。

④品牌形象整合。主要是品牌识别的整合和传播媒体的整合。名称、标志、基本色是品牌识别的三大要素，它们是形成品牌形象与资产的中心要素。品牌识别的整合就是对品牌名称、标志和基本色的整合，以建立统一的品牌形象。传播媒体的整合主要是对传播信息内容的整合和对传播途径的整合，以最小的成本获得最好的效果。

10.4.3　整合营销的特点

①在整合营销传播中，消费者处于核心地位。

②对消费者深刻全面地了解，是以建立资料库为基础的。

③整合营销传播的核心工作是培养真正的”消费者价值”观念，与那些最有价值的消费者保持长期的紧密联系。

④以本质上一致的信息为支撑点进行传播。企业不管利用什么媒体，其产品或服务的信息一定得清楚一致。

⑤以各种传播媒介的整合运用作手段进行传播。

⑥紧跟移动互联网发展的趋势。尤其是互联网向移动互联网延伸、手

机终端智能化以后，新技术对原有 PC 互联带来了前所未有的颠覆和冲击，在这个过程当中应当紧盯市场需求，整合现有的资源，包括横向和纵向的资源。成为一个移动营销价值的整合者和传播者。就如优秀移动营销整合服务商百分通联已覆盖金融、汽车、IT 数码、房地产等行业，已拥有一些典型案例和成功用户。

10.4.4 整合营销运作

（1）操作思路

以整合为中心：着重以消费者为中心并把企业所有资源综合利用，实现企业的高度一体化营销，整合既包括企业营销过程、营销方式以及营销管理等方面的整合，也包括对企业内外的商流、物流及信息流的整合；

讲求系统化管理：整体配置企业所有资源，企业中各层次、各部门和各岗位，以及总公司、子公司，产品供应商，与经销商及相关合作伙伴协调行动，形成竞争优势；

强调协调与统一：企业营销活动的协调性，不仅仅是企业内部各环节、各部门的协调一致，而且也强调企业与外部环境协调一致，共同努力以实现整合营销；

注重规模化与现代化：规模化不仅使企业获得规模经济效益，还为企业有效地实施整合营销提供客观基础。整合营销同样也依赖于现代科学技术、现代化的管理手段，现代化可为企业实施整合营销提供有效保障。

（2）对策措施

革命企业的营销观念：要树立大市场营销的观念，要树立科学化、现代化营销观念，要树立系统化、整合化营销的观念。

加强企业自身的现代化建设：企业要建立现代经营体制，包括企业的利益机制、决策机制、动力机制、约束机制等；经营管理设施现代化，加强组织建设，改善管理体系，注重企业的规模化，以及企业其他方面的合理化建设。

整合企业的营销：对企业内外部实行一体化的系统整合；整合企业的营销管理；整合企业的营销过程、营销方式及营销行为，实现一体化；整合企业的商流、物流与信息流，实现三流的一体化。

借鉴国外的先进经验：我国企业要积极学习国外企业先进的经营管理经验，特别是跨国公司的经营管理，跨国公司的整合营销，如 CIMS、MRP-II 系统以及先进的跨国管理、技术手段等，为我国企业开展整合营销服务。

10.5　直复式营销

直复营销是一种为了在任何地方产生可度量的反应，和（或）达成交易而使用一种或多种广告媒体的相互作用的市场营销体系。它是个性化需求的产物，是传播个性化产品和服务的最佳渠道。美国直复营销协会（ADMA）的营销专家将它定义为一种为了在任何地点产生可以度量的反应或达成交易而使用一种或几种广告媒体的互相作用的市场营销体系。基于互联网的直复营销将更加吻合直复营销的理念。这表现在以下四个方面。

①直复营销作为一种相互作用的体系，特别强调直复营销者与目标顾客之间的“双向信息交流”，以克服传统市场营销中“单向信息交流”方式的营销者与顾客之间无法沟通的致命弱点。互联网作为开放、自由的双向式的信息沟通网络，企业与顾客之间可以实现直接的一对一信息交流和直接沟通，企业可以根据目标顾客的需求进行生产和营销决策，在最大限度满足顾客需求的同时，提高营销决策的效率和效用。

②直复营销活动的关键是为每个目标顾客提供直接向营销人员反应的渠道，企业可以凭借顾客反应找出不足，为下此后营销活动做好准备。互联网的方便快捷性使得顾客可以通过互联网直接向企业提出建议和购买需求，也可以直接通过互联网获取售后服务。企业也可以从顾客的建议、需

求和要求的服务中，找出自身的不足，按照顾客需求进行经营管理，减少营销费用。

③直复营销活动中，强调在任何时间、任何地点都可以实现企业与顾客的“信息双向交流”。互联网的全球性和持续性的特性，使得顾客可以在任何时间、任何地点直接向企业提出要求和反映问题，企业也可以利用互联网低成本地实现与顾客跨越时空局限的双向交流，这是因为利用互联网可以自动地全天候提供网上信息沟通交流工具，顾客可根据自己的时间安排自由上网获取信息。

④直复营销活动最重要的特性是其活动效果的可测定性。互联网作为最直接的简单沟通工具，可以很方便地为企业与顾客进行交易提供沟通支持和交易平台。通过数据库技术和网络控制技术，企业可以很方便地处理每一个顾客的订单和需求，而不用管顾客的规模大小、购买量的多少，这是因为互联网的沟通费用和信息处理成本非常低廉。因此，通过互联网可以实现以最低成本最大限度地满足顾客需求，同时进一步了解顾客需求，细分目标市场，提高营销效率和效用。网络营销作为一种有效的直复营销策略，得益于网络营销的可测试性、可度量性、可评价性和可控制性。因此，利用网络营销这一特性，可以大大改进营销决策的效率和营销执行的效用。有关网络直复营销理论的应用将在后面的网络营销渠道策略中进行详细介绍。

10.5.1　直复式营销特点

直复营销与其他营销方式都在寻求劝说消费者购买产品或为其服务，但在直复营销的方式中，存在着一些比普通的营销方式更为特殊的内容，其中最重要的内容是其针对个体的单独沟通。这包括了针对个体的广告与销售的结合，客户服务的特征，强调针对性的目标市场，以及产生顾客立即回复信息的能力，最后是直复营销活动的可监控性及可测量性。

（1）广告与销售过程的融合

直复营销力图引起消费者回复信息，在这一过程中，同时完成了广告与销售两个环节，不再有中间的其他任何环节。由于去除了中间环节（如零售商），实质上增加了利润。

（2）客户服务

客户服务在直复营销中扮演了十分重要的角色。对于多数企业而言，顾客的重复购买远比一次购买所产生的利益要大得多，因此，客户忠诚度非常重要。在客户服务的过程中需要强调的是，订货过程的执行，对营销人员来说与销售过程一样重要，它会促进顾客与其进行长期沟通。

（3）目标群预选

直复营销通常选择个人作为沟通对象。无论直接邮件还是电话营销活动，都以数据库中积累的各种信息为基础。这些信息显示出了对产品或服务表现出购买倾向的个人数据，沟通活动会针对这些个人进行。

（4）要求立即回复

与其他营销活动明显不同的是，直复营销活动会在广告过程中要求顾客立即回复信息，即鼓励他们打电话或邮寄明信片订货或索取更多的信息。

（5）可测性

直复营销优于普通营销方式的另一显著特征，在于对营销活动结果的跟踪方面。营销活动可以监控，可以判断其是否成功，可以让营销人员了解如何确定有效的途径。在通过这些途径进行产品或服务的销售过程中，哪些因素在起作用，哪些是无用的。同时，对于活动结果的可测性，使营销人员可以对各种事先提供的重要因素进行测试，以发现营销资源中最为有效的部分。直复营销的指导思想是一种新型的市场营销观念。其指导思想是坚持以消费者需要为导向，强调以比竞争者更有效的方式传递目标市场所期待的产品与服务。

①直复营销的互动性。直复营销活动是互动性的，营销者和顾客之间可以进行双向的沟通，营销者通过某些或特定的媒介向目标顾客或准顾客

传递产品或者服务信息，顾客通过邮件、电话、在线等方式对企业的发盘进行回应。

②直复营销的可衡量性。直复营销的效果更易于衡量，目标市场成员对企业直复营销活动项目的回应与否，都与每一个目录邮件、每次直接反应电视广告、每次广播或每个直邮直接相关。它具有立竿见影的效果。

③直复营销的空间上广泛性。直复营销活动可以发生在任何地点，只要是直复营销者所选择的沟通媒介可以到达的地方都可以展开直复营销。

10.5.2 直复式营销作用

（1）直复营销降低了整体顾客成本

直复营销剔除了中间商加价环节，从而降低了商品价格；同时让顾客无须出门就可购物，使他们的时间、体力和精神成本基本实现零消耗。

（2）直复营销顺应顾客讲求时间效率的趋势

相比较逛街购物，现代人更愿意把宝贵的时间投入到工作、学习、交际、运动、休闲等更有意义的事情中，而直复营销微信订货、送货上门的优点为顾客的购物提供了极大的便利。

（3）网络通信技术的推广促进了直复营销的发展

媒体是直复营销成功的关键。今天，发达的通信设施特别是互联网络技术的运用，正使微信购物成为一种趋势。

（4）直复营销顺应顾客个性化需求的趋势

通过直复营销，生产商可根据每位顾客的特殊需要定制产品，从而为顾客提供完全满意的商品。新世纪呼唤直复营销但营销战略的转变有其经济上的理由。传统的形象广告对许多公司来说实在是太没有针对性。中小企业没有大企业雄厚的资源，无法在传统营销方式上一掷千金，所以更要灵活应变，扬长避短，改变自己的营销策略。现在互联网发展迅速且技术稳定，小企业可以通过微信这个平台来实现企业的推广计划。很多企业正是看中了微信的优势，纷纷加入到微信营销队伍中来。但并不是所有的中小企业微信营销都能够做得很好，因为部分企业缺乏网络营销实战经验，对网络营销一知半解，从而导致无法达到当初的预期效果，资金也无法得到回报，而且还造成人力资源等多方面的浪费。

中小企业要想在竞争日益激烈的互联网中取得一席之地，利用网络推广来提高业绩从而提升企业的竞争力，首先可以先建立自己的公众号，以公众号为核心来做网络推广是众多中小企业的首选。公众号不仅是企业在互联网上的门面，更重要的是能够明目张胆地为自己的企业和产品做宣传，宣传内容和范围也能够更细致更广泛。想要更进一步扩大网络营销所带来的效应，企业还要将公众号的广告信息发布到用户浏览量较高的商务网站中。因为公众号本身所起到的推广作用有限，需要从更多的方面对公众号进行宣传，为企业做推广，发布到其他商务平台可以让更多的人了解公众号，从而提高其知名度，这是微信营销中的关键一步，也是部分企业公众号低访问量的解决之道。

10.6　互动营销

所谓的互动，就是双方互相地动起来。在互动营销中，互动双方中一方是消费者，一方是企业。只有抓住共同利益点，找到巧妙的沟通时机和方法，才能将双方紧密结合起来。互动营销尤其强调，双方都采取一种共同的行为。历史上每一次媒体形态的进步都给营销产业带来一片新的天空。毫无疑问，互联网带来的“互动性”这一媒体形态变化是营销产业实现跳跃式发展的一个重要契机。互联网发展的初期阶段，营销前所未有地实现了寻找、发现精准客户的可能，这为那一部分“注定被浪费掉”的市场投入找到了实现价值的途径。几年过去，“互动”这一互联网的核心本质已经能够非常深入地发掘每个用户的潜能，把那些在传统媒体里“沉默的大多数”鲜活地呈现在了互联网上，而且是一个个、分别地呈现在了互联网上。“人作为最能动的媒体参与者，也终于在互联网中第一次改变了被动接受的角色，出现了主动、外显的特征。

10.6.1 互动营销的特点

（1）互动性

互动营销着重强调的是商家和客户之间的互动。一般都是前期的策划，然后网络营销公司的幕后推手对某一话题进行引导，接着网友就开始参与其中，这是比较常规的互动。互动性是互动营销发展的关键，在企业营销推广的同时，更多信息应该融入目标受众感兴趣的内容之中。认真回复粉丝的留言，用心感受粉丝的思想，更能唤起粉丝的情感认同。这就像是朋友之间的交流一样，时间久了会产生一种微妙的情感链接，而非利益连接。像官网、企业微博、微信公众平台等媒介营销，可称之为泛自媒体营销，它是优拓互动基于泛自媒体的概念上创建的一个具有专业性及权威性的营销模式，指在自己掌握的“账号”渠道上传播自己的信息，从而获得外界对自己的一个关注及认可的行为。

（2）舆论性

互动营销主要是通过网民之间的回帖活动、间接或直接对某个产品产生了正面的或者负面的评价。但其中舆论领袖的作用也在彰显其重要地位。名人效应对消费者的影响力非常大，同时在市场竞争日益激烈的情况下，舆论领袖的对企业的品牌口碑作用依然在未来不容小觑。

（3）眼球性

互动营销主要就是吸引网民的眼球，如果一个互动营销事件不能吸引眼球，那么它无疑是失败的。互联网本身就是眼球经济，如果没有网友的关注，就谈不上互动。当然，想要获得很多的互动效果，不能只考虑到眼球经济，更为重要的是定位要精准。假设自己是广告行业，那么就围绕相应的目标顾客关注的相关信息来发布，赢得目标顾客的关注，并且大多是潜在的消费群体。一旦你的“粉丝”质量提高了，那对于企业而言，更为容易将其转化为商业价值。

（4）热点性

互动营销有两种事件模式，一种是借助热点事件来炒作；另一种是自己制造事件来炒作，自己借助事件，基本上也是通过制造事件。因为网络营销公司要想把事件炒作好，引起网民的关注，就需要抓住网民内心的需求，也就是网民上网喜欢做的事情，或者他们对什么比较感兴趣。

（5）营销性

互动营销一般都是为了达到某种营销目的而进行的事件炒作与互动。一般都是网络营销公司借助互动营销来帮助客户传达企业的品牌或者促进产品的销售。

但坚持互动的同时要避免以下误区：

①盲目跟风互动营销模式。遇到一个现象，行业内某一个英雄案例，一方面是为了更快地取得成绩，但更多的还是从众心理在作怪。作为营销人经常也难逃从众心理，做营销，也被人营销。

②社交媒体资源投放不合理。社交媒体资源各有长短，所以形成了良好的互补，彼此之间是一个网状结构体系。单独的一个阵地发挥作用不太完美，交织整合在一起才能网鱼了。事实上，很多所谓的互动营销方案其实只是一个微信营销方案，并不是真正的互动营销。

③追求互动量而非提升互动人群整体质量。

④重营销轻互动。互动营销前期一定要对产品、市场、消费者进行调研分析，洞察消耗心理，了解消费者的兴趣特点，分析判断目标人群的网络驻扎地，然后再根据品牌调性和产品特征策划营销创意。精准的互动营销通过《Marketing Test》营销测试系统及大型个性数据库对消费者的消费行为进行精准衡量和分析，实施精准定位。目的是更好地满足客户的个性化需求、为客户提供个性化服务的同时，树立起企业产品和服务在顾客心目

中的良好形象；强化顾客的品牌意识，为企业培养和建立稳定的忠实顾客群，从而达到一对一传播沟通的终极目标，即由企业与消费者之间的沟通转化为消费者之间的沟通，从而实现消费者的口碑传播和无限客户增殖。“一传十，十传百”形成裂变式客户增殖效果，使企业低成本扩张成为可能。

“互联网”“互动”“整合”，这三个词汇看似平常，实则代表着互动营销的发展方向。在互联网的发展初期，企业仅仅将互联网作为产品的展示工具和装点门面的形象工程；不少企业已经通过互联网、手机短信等直接跟客户、消费者进行互动，把握客户需求，然后回馈到企业研发、生产、销售的整个过程。未来，企业应该整合网上营销手段和最传统的营销工具，实现营销的真正突破。企业通过网络推广最终希望实现的成效是企业品牌的价值转化为持久的顾客关系，顾客关系包括消费者对企业产品的青睐，同时也包括企业跟客户之间的合作关系。这些都是企业想利用网络营销最终想要的成效，这也是营销团队奋斗的目标。初期的网络方式主要是通过竞价排名以及邮件群发对客户进行“轰炸”，刚开始这两种方式会有成效，但是随着时间的推移，许多网络营销队伍纷纷“跟风”，导致用户收到的信息泛滥，对此产生了排斥心理，因而启用了屏蔽垃圾邮件的设置。

那么，要怎样利用网络营销为企业提高品牌效应呢？网络营销人员对此并没有气馁，而是采取了另外的推广手段。网络传播的特点是信息传递快。国际品牌网指出，到底如何利用互联网信息传递快的特点呢？网络营销方式最常见便是通过软性八卦新闻加上关键字传播的手段进行推广，“八卦好奇”可以说是人的天性，即使你不喜欢八卦，但是对于新鲜事物绝大多数人并不会排斥，因此网络营销就是通过这些“不易察觉”的方式进行网络推广，让客户在潜移默化中接受被推广的企业品牌文化，不知不觉中传播了企业的品牌效应，提升品牌知名度，而且这种信息是用户自己主动去了解，而不是强加于他的，对此不会产生排斥感，所以效果比较明显。

10.6.2　了解消费群体

互动营销活动实施的关键，在于了解不同行业、不同消费者的不同购买行为，以及每个购买行为所需要经过的阶段，然后选择最佳方式最大限度地影响消费行为，从而增加收入，提高营销回报率。根据调查，企业所要把握的消费者购买过程一般分为 4 个阶段：产生购买意愿、搜集和评估信息、购买、购买之后的服务。研究这个过程，有助于开发和保持顾客。

不可否认，互联网确实可以通过向消费者传递非常强大而有吸引力的信息，来改变消费行为。但怎样才能够使互联网和我们现有的营销活动一致起来？或者是说怎样才能改善我们现有的营销活动，来适应互联网的特点？解决这两个问题并不难，主要是提高营销的效果和效率。效果指的是最大限度地影响消费行为；效率是花最少的钱，办最多的事。但效率和效果的提升，最终还是需要整合不同的互动营销渠道。实施互动营销的过程，实际上与广告代理商设计消费品广告的过程非常相似：都是以一种非常吸引人的方式，利用多种渠道向消费者传达产品信息。而且这个过程首先都要确定企业的目标市场在哪里，有多大；然后仔细了解顾客的行为模式、不同的媒体渠道或者数字渠道；最后决定这些渠道和消费者行为的连接方式和手段。应该切记，互联网技术本身并不能成为一种战略或商业模式，商业战略不是在线或离线的问题，而是二者合一。

10.7　微商社群营销

一般社会学家与地理学家所指的社群，广义而言是指在某些边界线、地区或领域内发生作用的一切社会关系。它可以指实际的地理区域或是在某区域内发生的社会关系，或指存在于较抽象的、思想上的关系。

这里有个很重要的词——社会关系。《马克思恩格斯选集》中有句话，

“人的本质是一切社会关系的总和”。可见，社群营销就是营销“人”。先要做“人”的工作。现在很多社群一上来就想做到“货”这层，往往是行不通的。只有搞定了“人”，才有办法搞定“货”。罗振宇说“好的社群是个结果，而不是过程”。不能为了社群而社群，世界上最强的社群是苹果粉丝，完全自组织，但是像宗教一样忠诚。其实，我们对社群并不陌生，只是社群一直演化而已。在原始时代，人类就是以部落为单位“连接”在一起。那个时候的“连接”是因为基因，为了生存，人类单独个体的力量太弱，必须依靠“部落”的力量才能活。之后在工业时代，人们以工会的形式连接。我们的连接原因是为了生活，每个人都是一颗螺丝钉，企业离开谁都可以转。单体在这个时代依旧很弱势，必须依靠工会拧成一股绳。

而在现代，随着移动互联网技术的高速发展和整个社会的不断进步，生存和生活的问题在我们这代人身上基本不存在，人类开始以一种全新的形态连接——兴趣。每个人的盈余时间越来越多，大家开始不断寻找生活的意义，所以有各种各样的选择。这也就是在马克思在《德意志意识形态》中描述的状态。

在共产主义社会里，任何人都没有特殊的活动范围，而是都可以在任何部门内发展，社会调节整个生产，因而使我有可能随自己的兴趣今天干这事，明天干那事，上午打猎，下午捕鱼，傍晚从事畜牧，晚饭后从事批判，这样就不会使我老是一个猎人、渔夫、牧人或批判者。现在回顾马克思在1846年说的这段话，不恰恰说明他完全预料到了当今的社会吗？由于消除了强制性的、固定性的分工，每个人作为个人参加共同体，个人的存在摆脱了对人或对物的依赖，成为独立的、有个性的个人，成为全面发展的自觉自由的个人。正是因为这样，社群在当前这个时代才会这么重要，它是个人的意愿的体现。社群大体分为三类。

粉丝自组织：如演唱会现场，拉一个群，把周围的人都加在一起，大家把各个角度的照片发到一个群里面。

兴趣型组织：如线上读书会、在线课堂等等，因为你想提升自己，然后进入一个群当中。

功能型组织：如单位上的各种办公群，虽然大家都不喜欢，但是还是会加入各种各样的群。现在有些单位巴不得开一个会就建一个群，把所有人都放在一个群里，然后再把领导拉入群中，顿时除了组织者，所有人都石化了。

10.7.1　社群为什么会存在

社群与生物学上的“群落”概念最大的区别就在于，社群更加强调内部的社会关系，我们先来看看一个社群为什么会存在。

①以共同利益为中心的强交互形态社群并不是单纯元素的积累，所有元素之间都发生高频的交互关系。成员之间的交互是依靠共同利益来维系的，这里所说的共同利益经常会以共同兴趣的方式表现出来。通过“共同利益”标签的连接，即使是非常小众的兴趣爱好也能找到社会认同感。有了社群内成员的认可，随之而来的日常交流也就自然增多，这也就是我们所说的强交互。大部分的社群是通过兴趣来建立的，比如各种运动各种乐器的爱好者社群，但也有通过共同经历、共同隐私、职业诉求等建立起的社群，比如很偶然的一次活动，甚至一次意外的事件，都可能是促使社群成长的原因。所以，究其根本是在于共同利益。

②节省信息获取成本经济学中有个一般性假设就是所有人都被定义为“理性人”。在这个信息爆炸的时代，我们的信息筛选成本十分高昂。凯文凯利的《必然》中也有提到，我们的信息过滤器的精准度也会越来越高。社群基于兴趣爱好和共同利益而产生，便成为一个半定制型的信息过滤器，我们从社群中获取有效信息的效率将非常高。例如一位资深豆瓣用户的电影评分，往往也是其他豆瓣用户的偏好所在，这大大节省信息的过滤的成本。

③弱中心化的表达渠道我们现在所说的社群是一个弱中心化、较为扁平的组织。与其他组织相比，其个人话语权大大提高。正因如此，每个人

都能成为信息载体，每个人的观点也都能获得相应的反馈及重视，个人权利在社群圈子中得到充分体现。另外，一个社群的日常状态就是在共同规则下自由交流，高频的内部互动也是弱中心化的体现。

10.7.2 如何去做社群营销

自从前几年小米通过粉丝运营搞得风生水起后，大家都知道社群对我们企业产品推广、销售有着非常重要的意义。大家都知道社群很重要，可是，我们应该如何去做社群营销？

①核心价值定位对于企业而言，首先要清楚你所建立社群的什么核心价值所在。核心价值是一个社群生存发展的基础，也是一个社群的目标导向及定位。假如你是一个卖钢琴的，你可能不由自主地想建立一个钢琴爱好者的社群，但这不是核心优势！世界上做钢琴社群的人那么多，就像搜索含有“钢琴”关键词的微信号那么多，为什么别人需要关注你？是你这里有优秀的老师授课，还是有性价比高的钢琴销售？这才是企业做社群前应该思考的问题。所以，几乎所有运营成功的企业社群都是基于自身产品，小米的社群永远是围绕着小米的手机玩法，罗辑思维等人的社群永远都是围绕着罗振宇的动态做延展，不管你的产品是实物还是知识，都需要与自身的核心竞争力密切相关。

②有效引导有多少企业是抱着做专业社群的美好愿望，但最终建立的群要不就是一言不发沦落为我们所说的“死群”，要么就是纯粹在聊天灌水，成为大家闲聊八卦的聊天室。这些都是群内缺乏引导的表现。另外，前文中之所以说社群是一个弱中心化的组织，是因为一个优秀的社群根本不可能做到完全去中心化，不然只会沦为闲聊灌水群，变得异常混乱。

a. 规则引导既然是群体，那就需要相应的规则规范才能长久生存，不然只会如散沙一般徒有其表。社群的稳定发展与其规则机制密不可分，社群的形态需要一致，不应因新成员的加入而破坏之前的规则。社群的出入口应做筛选，社群内部的行为规范应一致。统一规则并非需要文字内容进行规范，而更多体现的是一种文化共识。另外，除了规则外，群内运作机制在日常事务管理中十分重要。如何让社群成员保持活跃，一定的激励机制、角色分工都让群成员在处理事务中各司其职，保证社群的规范化运作。在良好的规则及运作机制下，管理员的管理也更加省力，社群成员更加信服。

b. 人工引导除了群规，最有效且必要的就是管理员的人工引导。大家都能体会到，在一个社群中，不良言论的影响力远远大于对产品的夸奖，危机公关和言论引导在社群组织中十分重要。如果把一个社群发展的过程看作列车前进的过程，那么管理员就是列车司机，要不断地修整调节列车的前进方向，确保驶向正确的目的地。人工引导并不仅仅是管理人员的引导。实际上，每个活跃的社群群体都具有领袖式的成员，此类成员通常是早期核心成员，拥有较大的表达欲望，且相对其他成员拥有较大话语权。此类领袖式成员对于社群的拉动和引导作用是十分巨大的，企业运营社群时应该联合拉拢这类领袖进行示范引导，让社群不偏离最初的定位及主题轨道。同时，所谓“人以群分”，领袖成员的特征很大程度上决定了一个社群未来加入的成员的特征，社群成员对领袖的信任也反映了其对你产品和品牌的信任。

c. 活动引导一个社群的活跃度需要许多活动运营进行刺激，这在产品类社群中体现尤其明显。活动不仅是宣传拉新、增强成员黏性、激活活跃度的有效手段，还是引导社群主题的有效方式。在活动的预热和进行期间，群内的讨论话题和日常交流大多会以活动内容为中心发散。活动的参与情况也体现了社群内部黏性的强弱，同时可以不断引导品牌产品话题。我们从小米的社群运营中就可以看出，从手机的调研、开发、宣传等各个环节上都举办了大量的线上线下活动，在活动强势引导社群内部话题的同时，还极大增强了社群内部粉丝间的交流，所谓的参与感形成了米粉的自发传播。

③控制规模控制规模主要看社群的成长阶段。一个社群是有一定的成长周期的，若不控制社群规模的话，该社群很可能永远只是为新手用户服务，

同时在信息过滤上有不小的难度，可能永远讨论的是一些初级问题。当然，这并不能说是错误的策略，甚至在产品售后、咨询中是十分必要的，但是这会导致资深用户及老用户的沉默。当有价值的 VIP 用户沉默或者离开时，社群价值就无法得到提高；同样，若是新手用户不断涌现，没有有效引导的话，社群将沦陷为一个聊天灌水群。

10.7.3 邓巴定律

邓巴定律早已告诉我们，人类智力允许人类拥有稳定的社交网络人数是 148 人，约 150 人，所以邓巴定律也称为 150 定律。这对我们运营社群有很大启示：若是社群在约五十人以下的规模，群内部交互式非常深度的，即使是没有活动刺激，成员通过兴趣话题连接也能自发互动，此时的社群是半熟人社交模式的；若社群超过五十人左右的规模，就需要强有力的规则引导及活动刺激，否则群的凝聚力将会大大消退，没有熟悉的感觉彼此沟通频率将降低，此时的社群是半陌生人分享模式的。控制规模是企业社群发展规划的必须，最常见用于沉淀核心用户、内测用户等重点对象。它是社群精细化运作、提炼社群价值的一条必经之路。相对于普通成员而言，产品的核心用户群体，能为品牌带来更多价值。以上三点仅是提供个思路抛砖引玉，具体实现上根据社群不同的特征拥有不同的技巧和手段。总而言之，社群运营需要在同一目标下维系成员的参与感及组织性，沉淀核心用户、提升社群价值。这样，强大的粉丝效应方能使品牌立于不败之地。

10.7.4 怎样运营好社群

社群营销越来越火，现在很多微商开始选择了社群营销，怎样运营好微信群呢？运营微信群又有什么技巧方法呢？现在市面上流行的都是免费建群，然后用各种各样的诱惑拉人进群。实际上，在操作过程中会发现，这种免费的微信群其实没有什么太大的用处！因为用户的思维和操作者就是我们操盘人的思维必须达到共鸣。如果说你的用户感觉不对，会给你带来很多的困惑，会让你感觉非常的沮丧，甚至是怀疑运营微信群的好处。微信群该怎么运营呢？

运营微信群的基本思路

①一个微信群就是一个组织（公司）

②一个组织就要有个共同纲领（目标）——为何建这个群？大家要做什么？

③有一个（多个）意见领袖

④要有专职运营人员

⑤群友进来要有仪式感，要有明确引导，要有具体的群规

⑥一定要收费（多少不限，越贵群友素质越高）

⑦微信群是用来成交和裂变的。一定要用好！

后 记

微商时代，所见已非所知。

你看见了微商大肆圈钱，于是也想试试，倾尽全力却落得倾家荡产。

为什么？

因为时代已经改变，传统的微商模式已经无法适应现在的市场。不仅如此，传统微商模式甚至已经成为市场的毒瘤，不断的破坏着市场的环境。因此，人们渐渐明白，应该将这一模式剔除了。

你有没有发现，你朋友圈的刷屏广告已经在减少了？

原因有两个，一是你已经屏蔽了他们，二是他们都破产了。

这就是还在做传统微商的下场。如果不能紧跟时代的步伐，那就一定会被时代淘汰。

线下营销有辉煌的昨天，平淡的今天，没有明天。线上营销有辉煌的今天，平淡的明天，但没有后天。

我们该怎么办？我们的明天、后天该用什么模式呢？

其实很简单，那就是线上线下结合。

线上线下结合说来简单，但结合哪一部分？如何结合？结合到什么程度？这些都是难题，如果不能解决这些问题，线上线下结合只是一句空话。

微商营销的关键是技术与资源，这也是线上线下结合的关键。微商说到底是人与人之间的联系，当你没有人时，你的产品该卖给谁？当你有足够多人可以买产品时，你如何管控这些资源？

新时代的微商必须遵循新零售的法则，用强大的控制技术去面对大规模的受众，用分享理念去推广你的产品。

可以预见，在将来的市场营销中，这种模式必然成为最为有效的模式。所以，现在成为新微商，正是当时。